# ホットプレートひとつでごちそうごはんできちゃった

ひとつで

ごちそうご飯

できちゃった

料理 黄川田としえ

100
レシピ

主婦の友社

# ((( CONTENTS )))

## PART 3
ホットプレートでおいしい
# おやつ

## PART 4
たこ焼きプレートでおいしい
# ごはん＆おやつ

## この本の使い方

- 材料は基本的に4〜5人分です。
- 野菜類は、特に表記のない場合、洗う、皮をむくなどの作業をすませてからの手順を説明しています。
- ホットプレートは原則としてフッ素樹脂加工のものを使用しています。
- 小さじ1は5mℓ、大さじ1は15mℓ、少々は親指と人さし指でつまんだ量（塩で約1g）、適量は好みの量です。
- 鶏ガラスープは、市販の鶏ガラスープのもとを表示どおりにといたものです。

# ホットプレートごはんは、こんなにカンタン！

## 《 1 》 食材と調味料を用意 → 《 2 》 プレートに広げて味つけ

食材をカットし、調味料を計測しておきましょう。調理中に離れなくてもいいように、すべての材料をダイニングテーブルにセット。

食材をプレートに広げて加熱。食材と調味料を一度に入れるもの、食材を加熱してから調味料を加えるものがあります。

## 小さめホットプレートは½量で！

p.10 ガパオライス

p.46 たこめし

p.126 ロールクレープ

> おいしい
> ホカホカごはんの
> でき上がり

## 《 3 》 でき上がり

ふたをして
待つと…

ふたをして数分で完成。ホットプレートから直接取り皿にとって、あつあつのまま〝いただきます〟。

## この本で使ったホットプレート

ZOJIRUSHI
ホットプレートやきやき EA-GW30

遠赤大
たこ焼き
プレート

30個分

横43.1cm
縦30.9cm
深さ1.1cm

遠赤平面
プレート

横43.1cm
縦31cm
深さ2.1cm

※ホットプレート調理の注意点

●加熱温度は機種によって差があります。温度が数字での表記ではなく「低」「LOW」などの機種は、「低」＝140〜160度、「中」＝180〜200度、「高」＝230〜250度として調理してください。

●設定温度になるまでの時間は機種によって異なります。本書の加熱時間を目安に、火が通っているかを確認してください。

●本書の材料よりも多めの具材や調味料を入れると、調理時間が変わります。

●機種によりますが、プレートの下には熱源があります。その位置を確認して、温度が高めの場所と低めの場所を把握しましょう。火の通りにくいものは高めの場所、焦げつきそうなものは低めの場所に並べるなど、使っているホットプレートの特徴を知ってから調理してください。

# ホットプレートごはんの
## おすすめPOINT

POINT
**1**

## 下ごしらえはほとんどナシ！

下ゆでしておくなどの下ごしらえはほとんどありません。食材をカットして、調味料をはかれば、あとはホットプレートにおまかせ！「料理するのが面倒くさい」と感じる人でも、ラクラク作ることができます。

POINT
**2**

## あたたかいまま「召し上がれ♪」

保温機能がついているので、料理が冷めにくく、時間がたってもあたたかいのもホットプレートならでは。料理をキッチンから運ぶ手間も省けて、できたてホヤホヤをすぐに食べられるからうれしい！

POINT
**3**

## 作るのも食べるのもワイワイできる

食卓のまん中にホットプレートをおいて、作るところからスタート！　みんなで一緒に作ることで、おいしさも楽しさも倍増します。毎日のごはんにはもちろん、ホームパーティーでも大盛り上がり。

POINT
**4**

## 洗い物が少ない

食べごたえのある主食やメインおかずがホットプレートひとつで完成。でき上がった料理は、直接取り皿にとり分けられるから、お皿の枚数も最小限。洗い物が少なくてすむので、あと片づけのストレスが減ります。

POINT
**5**

## 1品で完結するのに栄養たっぷり！

野菜や肉がバランスよく入ったおかず、おかずをかねた主食など、1品で栄養たっぷりのレシピを厳選。あれもこれも作る手間が省けます。育ち盛りの子どもから、グルメな大人まで、老若男女を問わず大満足。

だから **おうちごはんがさらに楽しくなる！**

# ホットプレートごはんを
# おいしく作るコツ

## 作り方のコツ 1 味をしみ込ませるための下準備

### 肉や魚に下味をつける

調味料に肉や魚をつけておくと、味がしみ込んでおいしさがアップ。生もの独特のくさみもとれます。買ったときのトレー上で下味をつけると洗い物も減る。

### 米は水に浸しておく

炊き込みごはんなど、調味料を加えて炊くときは、米がしっかり吸水しないことがあるので、あらかじめ浸水させておきましょう。ボウルに洗った米を入れて30分ほどおいておいて。

---

根菜などの火が通りにくい野菜は、薄めにカットすることで、調理時間を短縮。厚さを均一にするのがポイントです。

## 火の通りにくい
## 野菜は薄めに切る

## 作り方のコツ 2

## 米やパスタは
## そのまま入れてOK

## 作り方のコツ 3

米やパスタは、そのまま、調味液にひたるように入れます。パスタが長すぎて入らなければ、半分に折って入れましょう。

---

## 作り方のコツ 4 〝140度下ごしらえ〟でおいしさアップ

### 冷たいプレートに食材をのせる

切った食材を冷たいプレートの上に広げます。ホットプレートが熱くないので、やけどの心配や、食材をのせるときのあせりもなし。

### ふたをして140度に設定する

食材を広げたら、ふたをして140度で数分加熱します。すべての食材にほどよく火が通り、葉物野菜もシャキッとした仕上がりに。

# ホットプレートごはんに あると便利なアイテム

## 木べら、ターナー

いため物のときや、お好み焼きをひっくり返すときなど、さまざまなシーンで活躍。シリコン製のものも。

## シリコン製へら

汁けを残さずすくうことができるシリコン製のへら。先端がおたまのようになっているものは、とり分け時にも重宝。

## クッキングシート

焦げつきやすいものを加熱するときや、プレート上に仕切りを作りたいときに便利なクッキングシート。必要な形にアレンジして。

## キッチンタイマー

ホットプレートの横にキッチンタイマーをおいて時間を計測。パスタなどは特に、しっかり時間をはかって調理しましょう。

## 竹串

フォンデュ系のメニューで使える竹串は、持ち手が熱くなるので、長めが◎。プラスチック製は、熱でとけることもあるので要注意。

## バット

熱いプレートにのせることができるバットは、食材を入れて、まわりに湯を張ったりして使用。

## ココット

バットと同様、熱いプレートにじか置きできるココット。ソースを入れてディップしたり、プリンを個々に作りたいときに便利。

## PART 1

ホットプレートで
おいしい

—

# 主食

ごはんやめんが入った
食べごたえのある主食は、
休日のランチにも、
毎日の夕飯にもおすすめ。
肉や魚、野菜がバランスよくとれて、
見た目も華やかな
メニューを厳選しました。

バジルとナンプラーでオリエンタルな味に

# ガパオライス

■ 材料（4〜5人分）

ごはん…800g
鶏ひき肉…400g
パプリカ（赤）…1個
玉ねぎ…½個
しょうが、にんにく…各1かけ
卵…4個
酒…大さじ1
塩…適量
こしょう…少々
小麦粉…小さじ2
A ┌ ナンプラー…大さじ3
　│ 砂糖…小さじ1
　└ ごま油…大さじ1
バジル…20枚
サラダ油…大さじ2
ピーナッツ（あらく刻む）
　…適量

■ 作り方

1　ひき肉に酒と塩少々をもみ込む。パプ
　リカ、玉ねぎは1cm角に切る。しょうが、
　にんにくはみじん切りにする。すべて
　をボウルに入れ、小麦粉を加えて軽く
　まぜる。

2　ホットプレートにサラダ油を引いて、
　半面に 1 を、もう半面にごはんを広げ
　てふたをする。140度で7分加熱する。

3　ふたをとり、ひき肉側に、まぜ合わせ
　た A とバジルの半量を手でちぎって加
　える。温度を180度に上げていため合
　わせ、塩少々、こしょうで味をととの
　える。あいたスペースで目玉焼きを作る。

4　ごはんに残りのバジルとピーナッツを
　飾る。

目玉焼きで
味も見た目も
グレードアップ

だしの味がきいたやさしい味つけ

# 鶏五目炊き込みごはん

■材料（4〜5人分）

米…540mℓ（3合）
鶏もも肉…200g
油揚げ…1枚
にんじん、ねぎ…各⅓本
しいたけ…4個
A｜だし…560mℓ
　｜酒…小さじ1
　｜しょうゆ…大さじ2
　｜みりん…大さじ1
　｜塩…小さじ⅔
サラダ油…大さじ1

■作り方

1 米は洗って水に30分ほどつけ、ざるに上げて水けをきる。

2 鶏肉は2cm角に切る。油揚げは5mm幅に切り、にんじん、ねぎは斜め薄切り、しいたけは薄切りにする。

3 ホットプレートにサラダ油を引き、2 を広げてふたをする。140度で7分加熱する。

4 ふたをとり、米とまぜ合わせた A を加える。均一に広げ、温度を200度に上げる。

5 ぐつぐつしてきたらふたをし、温度を140度に下げて13分加熱し、保温にして10分蒸らす。

生米から加熱して
あっという間に
完成！

13

卵をトッピングして召し上がれ

# チキンライス＆
# ふわふわ卵

■ 材料（4〜5人分）

ごはん…600〜800g
鶏胸肉…600g（2枚）
玉ねぎ…½個
A｜酒…小さじ1
　｜塩…小さじ½
　｜こしょう…少々
卵…6個
B｜トマトケチャップ…大さじ6
　｜とんカツソース…大さじ1
塩…適量
サラダ油…大さじ3
パセリのみじん切り、トマトケ
　　チャップ…各適量

■ 作り方

1　鶏肉は2cm角に切り、A をもみ込む。
　玉ねぎは薄切りにする。ボウルに卵、
　塩少々を入れてときほぐす。

2　ホットプレートにサラダ油大さじ2を
　引き、半面に鶏肉と玉ねぎ、もう半面
　にごはんを広げてふたをする。140度
　で7分加熱する。

3　ふたをとり、鶏肉側に B を加えてまぜ、
　温度を180度に上げる。全体をいため
　合わせ、味をみて塩で味をととのえて
　中央にまとめる。

4　プレートのあいたスペースにサラダ油
　大さじ1を引き、卵液を流し入れてス
　クランブルエッグを作る。

5　チキンライスにケチャップをかけ、パ
　セリを振る。

スクランブルエッグで
オムライス風に

仕上げのとき卵でまろやかに

# 鶏ひき肉の
# 親子ぞうすい

■ 材料（4〜5人分）

ごはん…360g

鶏ひき肉…300g

玉ねぎ…1個

卵…2個

A | 酒…大さじ2
  | しょうゆ…大さじ1

B | だし…600㎖
  | しょうゆ…大さじ1
  | みりん…大さじ2

塩…少々

万能ねぎの小口切り…5本分

■ 作り方

1　ひき肉に A をもみ込む。玉ねぎは薄切りにする。卵はときほぐす。

2　ホットプレートに卵以外の 1 を広げ、まぜ合わせた B を加えてふたをする。140度で10分加熱する。

3　ふたをとり、全体をまぜ、ごはんを加えてさらにまぜる。

4　とき卵を回し入れ、ふたをして2分加熱する。ふたをとり、塩で味をととのえて、万能ねぎを散らす。

冷やごはんでも
おいしく
食べられる

シャキシャキ野菜ともっちりめんの食感が楽しい

# パッタイ

■ 材料 （4〜5人分）

センレック（米めん）…300g
厚揚げ…1枚
にら…½束
にんにく…1かけ
卵…4個
さくらえび（乾燥）…15g
もやし…1袋
塩…少々
A｜ナンプラー…大さじ3
　｜オイスターソース…大さじ2
　｜酢…小さじ2
　｜砂糖…大さじ2
　｜鶏ガラスープ…200㎖
サラダ油…大さじ2
パクチー…5本
あらく刻んだピーナッツ
　…大さじ2
レモンのくし形切り…½個分
ぬるま湯…適量

■ 作り方

1 センレックは40度のぬるま湯に20分
つけ、ざるに上げて水けをきる。

2 厚揚げは2cm角に、パクチー、にらは3
cm長さに切る。にんにくはみじん切り
にする。卵は塩を加えてときほぐす。

3 ホットプレートにサラダ油大さじ1を
引き、厚揚げ、にんにく、さくらえび
を広げてふたをする。140度で5分加熱
する。

4 ふたをとり、あいたスペースにサラダ
油大さじ1を引いて卵液を流し入れ、大
きくまぜながら火を通す。

5 中央をあけてセンレック、にら、もやし、
まぜ合わせた A を加え、温度を180度
に上げていためる。

6 パクチーをのせ、ピーナッツを散らし
てレモンをのせる。

本格的なアジアの
屋台料理を
おうちでどうぞ

パンを焼く手間が
省けて時短にも

チーズが具材にからんで最後までおいしい

# チキンソテーと
# バゲットのチーズ焼き

■ 材料（4〜5人分）

バゲット…1本
鶏もも肉…600g（2枚）
じゃがいも…3個
ブロッコリー…½個
ミニトマト…10個
塩…小さじ⅔
こしょう…少々
とろけるチーズ…50g
粉チーズ…大さじ3
サラダ油…大さじ2
塩、黒こしょう
　　…各少々

■ 作り方

1　鶏肉は一口大に切り、塩、こしょうをもみ込む。
　　じゃがいもは皮をむいて1cm厚さの半月切りにす
　　る。ブロッコリーは小房に分け、茎はかたい部
　　分を除いて食べやすく切る。ミニトマトはへた
　　をとる。バゲットは食べやすく切る。

2　ホットプレートにサラダ油を引き、鶏肉、じゃ
　　がいも、ブロッコリーを広げてふたをする。
　　140度で10分加熱する。

3　ふたをとり、全体を返す。あいているスペース
　　にバゲットとミニトマトをのせて全体にとろけ
　　るチーズと粉チーズをかけ、ふたをする。温度
　　を200度に上げて3分加熱する。

4　ふたをとり、塩、黒こしょうをかけて味をとと
　　のえる。

あっさり味で箸がすすむ

# にらそぼろめん

## ■ 材料 （4〜5人分）

中華蒸しめん…4玉
豚ひき肉…400g
にら…1束
A　おろししょうが
　　　…1かけ分
　　しょうゆ…大さじ3
　　砂糖…大さじ2
　　酒…大さじ1
塩…少々
サラダ油…大さじ2
ごま油…小さじ2

## ■ 作り方

1　ひき肉に A をもみ込む。にらは1cm幅に切る。

2　ホットプレートにサラダ油を引き、半面にひき肉を広げてほぐし、もう半面にめんを広げ、塩を振ってふたをする。140度で7分加熱する。

3　ふたをとり、温度を180度に上げてひき肉をさらにほぐしてぽろぽろにし、にらを加えてまぜる。

4　めんをほぐし、にらそぼろをのせてごま油を回しかける。

めんをそのまま
入れられるから
カンタン

ごはん一粒一粒が
しっかりキムチ味

ピリ辛キムチを卵がふんわり包み込む

# 豚キムチチャーハン

## ■ 材料 （4～5人分）

あたたかいごはん…800g
豚バラ薄切り肉…300g
キムチ…150g
卵…4個
酒…大さじ1
しょうゆ…小さじ2
塩…適量
ごま油…大さじ2
万能ねぎの小口切り
　…5本分

## ■ 作り方

1 豚肉は3cm幅に切り、酒をもみ込む。卵は塩少々を加えてときほぐす。

2 ホットプレートにごま油大さじ1を引き、半面に豚肉を敷いてキムチをのせ、もう半面にごはんを広げてふたをする。140度で5分加熱する。

3 ふたをとり、温度を180度に上げる。あいているスペースにごま油大さじ1を引いて卵液を流し入れ、半熟状になるまで火を通したら、全体をいため合わせる。

4 しょうゆを加えてまぜ、塩少々で味をととのえ、万能ねぎを散らす。

たっぷり野菜で
食べごたえ
じゅうぶん

しょうゆとかつお節で和風味に

# 焼きうどん

■ 材料（4〜5人分）

ゆでうどん…4玉
豚切り落とし肉…300g
玉ねぎ…½個
にんじん…½本
ピーマン…4個
しめじ…1袋
塩、こしょう…各少々
酒…大さじ1
A｜だし…50㎖
　｜しょうゆ…大さじ2
　｜酢…小さじ2
サラダ油…大さじ2
かつお節…適量

■ 作り方

1 豚肉に塩、こしょうを振る。玉ねぎは
　薄切り、にんじん、ピーマンはせん切
　りにする。しめじは小房に分ける。

2 ホットプレートにサラダ油を引いて半
　面に1、もう半面にうどんを広げ、酒
　を振ってふたをする。140度で7分加熱
　する。

3 ふたをとり、全体をほぐしてから豚肉
　を返してAを加え、温度を180度に上
　げて全体をいため合わせ、かつお節を
　かける。

ごちそう
ソーセージを
メインに

食欲をそそるカレー風味があとを引く

# 焼きジャンバラヤ

## ■ 材料（4〜5人分）
ごはん…600〜800g
ソーセージ…大6本
ピーマン…4個
玉ねぎ…½個
にんにく…1かけ

A｜トマトケチャップ…大さじ3
　｜オイスターソース…大さじ2
　｜カレー粉…小さじ2

塩、こしょう…各少々
サラダ油…大さじ2

## ■ 作り方

1 ピーマン、玉ねぎ、にんにくをみじん切りにする。

2 ホットプレートにサラダ油を引き、半面に 1、ソーセージ、もう半面にごはんを広げてふたをする。140度で7分加熱する。

3 ふたをとり、まぜ合わせた A を加えて温度を180度に上げて全体をいため合わせる。

4 塩、こしょうで味をととのえ、好みでチリパウダーを加える。

焼くことで
香ばしい風味が
プラス

そばの新しい楽しみ方が発見できる

# 焼きそば

■ 材料（4〜5人分）

ゆでそば…4玉
豚バラ薄切り肉…300g
ねぎ…1本
酒…大さじ1
しょうゆ…大さじ1½
塩…適量
黒こしょう…少々
ごま油…大さじ2

■ 作り方

1 豚肉は5cm幅に切り、塩少々を振る。ねぎは斜め
切りにする。

2 ホットプレートにごま油を引き、半面に豚肉と
ねぎを広げて酒を振り、もう半面にそばを広げ
て塩少々を振り、ふたをする。140度で5分加熱
する。

3 ふたをとり、それぞれをほぐして温度を180度
に上げる。しょうゆと黒こしょうを振っていた
め合わせる。

もち米のもっちり食感が
やみつきに

# 中華風おこわ

■ 材料 （4〜5人分）
もち米…540㎖（3合）
豚ひき肉…100g
干ししいたけ…3個
ねぎ…½本
酒…大さじ1
A｜ 干ししいたけのもどし汁
　　…150㎖
　　しょうゆ…大さじ1
　　オイスターソース…大さじ2
　　おろししょうが…1かけ分
　｜水…450㎖
ごま油…大さじ1

■ 作り方

1 干ししいたけは水200㎖でもどして薄
　切りにする。もち米は洗って30分ほど
　水につけ、ざるに上げて水けをきる。

2 ひき肉に酒を加えてまぜる。ねぎはあ
　らみじんに切る。

3 ホットプレートにごま油を引き、ひき
　肉、しいたけ、ねぎを広げてふたをする。
　140度で5分加熱する。

4 ふたをとり、もち米とAを加えてまぜ、
　全体に広げ、温度を200度に上げる。

5 ぐつぐつしてきたらふたをして温度を
　140度に下げて13分加熱し、保温にし
　て10分蒸らす。

カリカリおこげも
楽しんで♪

がっつりお肉をたっぷり野菜と一緒に

# ピビンパ

■ 材料 （4〜5人分）

ごはん…800g
牛切り落とし肉…400g
オクラ…1袋
もやし…2袋
キムチ…120g
卵…4〜5個
焼き肉のたれ…大さじ4
塩、こしょう…各適量
すり白ごま…少々
ごま油…大さじ3

■ 作り方

1 牛肉は焼き肉のたれであえる。オクラは小口切りにして、ごま油小さじ1、塩、こしょう各少々であえる。

2 ホットプレートにごま油大さじ2を引き、半面に牛肉、もう半面にごはんをのせてふたをする。140度で7分加熱する。

3 ふたをとり、温度を180度に上げて牛肉をほぐしてからごはんにのせる。

4 あいたスペースにもやしを入れてさっといため、ごま油小さじ2、塩、こしょう各少々を振る。

5 あいたスペースで目玉焼きを作り、オクラ、キムチ、白ごま、好みでコチュジャンをのせ、ごはんの底におこげができたら全体をまぜる。

全部の具材を
ミックスして
「いただきます！」

卵がとろとろの
うちに取り皿へ

ほんのり甘い味つけととき卵が絶妙にマッチ

# 牛すきうどん

■ 材料（4～5人分）

ゆでうどん…4玉
牛切り落とし肉…300g
玉ねぎ…1個
卵…2個
A｜だし…800㎖
　｜みりん、しょうゆ…各大さじ2
万能ねぎの小口切り…5本分

■ 作り方

1　玉ねぎは1cm厚さのくし形切りにする。卵はときほぐす。

2　ホットプレートに玉ねぎと A を入れてふたをする。140度で7分加熱する。

3　ふたをとり、牛肉を加えてほぐす。牛肉に火が通ったらうどんを加えて全体をまぜる。

4　とき卵を全体に回し入れ、ふたをして1分加熱する。ふたをとって万能ねぎを散らす。

熱々のとろ～リチーズがおいしい

# チーズとろけるタコライス

■ 材料 （4～5人分）

ごはん…800g

合いびき肉…400g

レタス…3枚

トマト…1個

アボカド…1個

とろけるチーズ…150g

トルティーヤチップス…適量

A おろしにんにく…1かけ分
トマトケチャップ…大さじ3
とんカツソース…大さじ2
酒…大さじ1
カレー粉…小さじ1
塩…小さじ⅓
こしょう…少々

サラダ油…大さじ1

黒こしょう…少々

■ 作り方

1 ひき肉は A を加えてまぜる。レタスは細切りにする。トマトとアボカドは1cm角に切る。

2 ホットプレートにサラダ油を引き、半面に 1 のひき肉を広げ、もう半面にごはんを広げてふたをする。140度で7分加熱する。

3 ふたをとり、温度を180度に上げてひき肉をほぐし、あいたスペースにチーズを広げる。

4 ごはんにレタス、トマト、アボカド、トルティーヤチップスをのせ、黒こしょうを振る。

ZOJIRUSHI

肉・野菜・チーズの
バランスが絶妙

33

トマトの酸味と肉のうまみのコンビネーション

# スパゲッティボロネーゼ

■ 材料 （4〜5人分）

スパゲッティ…360g
合いびき肉…300g
玉ねぎ…⅓個
セロリ…½本
にんにく…1かけ
A｜白ワイン（酒でも可）
　　…大さじ1
　｜塩…小さじ1
　｜黒こしょう…少々
B｜トマト缶（カット）…400g
　｜ローリエ…1枚
　｜水…600㎖
水…100㎖
粉チーズ…適量
オリーブオイル…大さじ1

■ 作り方

1 ひき肉に A をもみ込む。玉ねぎ、セロリをあらみじんに切る。にんにくはみじん切りにする。

2 ホットプレートにオリーブオイルを引き、1 の野菜を広げ、その上にひき肉を広げふたをする。140度で7分加熱する。

3 ふたをとり、B、スパゲッティを加える（ならしてもスパゲッティがひたらなければ、ひたるまで水を加える）。

4 ふたをして5分加熱したらふたをとる。水を加えてスパゲッティをほぐし、ふたをしてさらに3分加熱する。

5 ふたをとり、スパゲッティがアルデンテにゆで上がったら汁けをとばすように全体をまぜて粉チーズをかける。好みでパセリのみじん切りを散らす。

※このレシピでは、7分ゆで・1.6mmのスパゲッティを使用しています。それ以外のスパゲッティを使用するときは、加熱時間を調整してください。

材料を全部入れて
待つだけで
でき上がり！

スパイシーな黒こしょうにコーンの甘みがマッチ

# 牛肉の黒こしょう焼き
# コーンごはん

■ 材料（4〜5人分）

ごはん…800g
牛切り落とし肉…400g
キャベツ…300g
青じそ…10枚
コーン缶（ホール）…190g
A｜おろしにんにく…1かけ分
　｜塩…小さじ½
　｜酒…大さじ1
　｜しょうゆ…大さじ1
　｜黒こしょう…少々
塩…少々
バター…20g
サラダ油…大さじ2

■ 作り方

1 牛肉に A をもみ込む。キャベツ、青じ
そはせん切りにする。コーンは缶汁を
きる。

2 ホットプレートにサラダ油を引き、外
側からキャベツ、牛肉の順に広げ、ま
ん中にごはん、その上にコーンをのせ
てふたをする。140度で10分加熱する。

3 ふたをとり、温度を180度に上げる。
牛肉を返し、バターと塩を加え、青じ
そをのせて全体を軽くまぜ合わせる。

切り落とし肉でも
食べごたえ十分

みんな大好きマーボーは
中華めんにからめて

ゴロッとひき肉と味しみなすの黄金コンビ

# マーボーなすめん

■ 材料（4〜5人分）

中華蒸しめん…4玉
豚ひき肉…400g
なす…4個
ねぎ…½本
にんにく、しょうが…各1かけ

A｜酒…大さじ1
　｜甜麺醤…大さじ3
　｜しょうゆ…大さじ2
　｜砂糖…大さじ1
　｜こしょう…少々
　｜かたくり粉…小さじ2

塩…少々
サラダ油…大さじ2
ごま油…小さじ2
万能ねぎの小口切り…3本分

■ 作り方

1　ひき肉に A をもみ込む。なすは1cm厚
　さの輪切りにし、水にさらしてアクを
　抜き、ざるに上げる。ねぎ、にんにく、
　しょうがはみじん切りにする。

2　ホットプレートにサラダ油を引き、半
　面にめんを広げて塩を振り、もう半面
　に 1 を広げてふたをする。140度で10
　分加熱する。

3　ふたをとり、具とめんをほぐしてめん
　全体にごま油を回しかけ、万能ねぎを
　のせる。

セロリ入りで
風味も栄養も
アップ

トマトの酸味とカレースパイスが合う

# キーマカレー＆セロリライス

■ 材料（4〜5人分）

合いびき肉…400g
玉ねぎ…½個
セロリ…½本
トマト…1個
ローリエ…1枚
A │ おろしにんにく、
　│ おろししょうが…各1かけ分
　│ 酒、小麦粉…各大さじ1
　│ 塩…小さじ⅔
　│ こしょう…少々
　│ カレー粉、トマトケチャップ
　│ …各大さじ2
　│ しょうゆ…大さじ1
ごはん…800g
セロリの葉…少々
サラダ油…大さじ1

■ 作り方

1 ひき肉に A をまぜてもみ込む。玉ねぎ
とセロリはあらみじんに切る。セロリ
の葉はこまかく刻む。トマトは2cm角
に切る。

2 ホットプレートにサラダ油を引き、半
面に玉ねぎ、セロリ、ローリエをのせ、
その上に肉を広げてトマトをのせる。
もう半面にごはんを広げ、セロリの葉
をのせてふたをする。140度で10分加
熱する。

3 ふたをとり、それぞれをいため合わせ
る。好みで全体をまぜてもよい。

定番トッピングで
なつかしの味に

長いも入りでふんわり食感を実現

# 長いも入りお好み焼き

■ 材料 （4枚分）

小麦粉…180g
豚切り落とし肉…200g
キャベツ…⅛個（300g）
長いも…100g
ねぎ…½本
卵…4個
だし…180㎖
塩…少々
紅しょうが…20g
サラダ油…適量
お好み焼きソース、
　　マヨネーズ、青のり、
　　かつお節…各適量

■ 作り方

1 キャベツはせん切り、ねぎは薄い小口切りにする。長いもは皮をむいて厚手のポリ袋に入れ、めん棒でたたいてあらめにつぶす。

2 ボウルに卵をとき、長いも、だし、塩を加えて泡立て器でまぜ、ふるった小麦粉を加えてさっくりとまぜる。

3 キャベツ、ねぎ、紅しょうがを加え、さっくりとまぜる。

4 ホットプレートを200度にあたためる。サラダ油少々を引いて豚肉の半量を2カ所に広げ、その上に 3 の¼量ずつをのせる。

5 ふたをして5分蒸し焼きにする。ふたをとって返し、ふたをせずに5分焼く。お好み焼きソースとマヨネーズをかけ、青のりとかつお節をのせる。残り2枚も同じように作る。

# しらすと高菜の
# まぜごはん青じそのせ

■ 材料（4〜5人分）
あたたかいごはん…800g
しらす…60g
高菜漬け…80g
油揚げ…1枚
青じそ…10枚
しょうゆ、いり白ごま
　…各大さじ1
ごま油…大さじ2

■ 作り方

**1** 高菜は1cm長さに、油揚げは5mm幅に切り、青じそはせん切りにする。

**2** ホットプレートにごま油を引いて、半面に油揚げと高菜を、もう半面にごはんを広げてふたをする。140度で5分加熱する。

**3** ふたをとって全体をまぜ合わせ、しょうゆを加えてひとまぜしたら、しらすを全体にのせ青じそと白ごまを散らす。

歯ごたえのいい
高菜が
アクセントに

ギュッと凝縮した
きのこのうまみが味わえる

# ベーコンきのこ
# リゾット

■ 材料（4〜5人分）
ごはん…400g
ベーコン…4枚
マッシュルーム…10個
しめじ…1パック
A｜和風だし…450mℓ
　｜塩…小さじ⅓
　｜しょうゆ…大さじ1
B｜バター…大さじ2
　｜粉チーズ…大さじ3
黒こしょう…少々

■ 作り方

1　ごはんをざるに入れて洗い、水けをきる。

2　ベーコンは1cm幅に、マッシュルーム
　　は5mm厚さに切る。しめじはほぐす。

3　ホットプレートに 2、まぜ合わせた A
　　を入れてふたをする。140度で7分加熱
　　する。

4　ふたをとり、1 を入れて全体をまぜ、
　　B を入れて黒こしょうを振る。

黒こしょうが
ほどよくピリッ！

あさりのだしとにんにくの香りがきいた

# あさりとねぎの焼きそば

■ 材料（4〜5人分）

中華蒸しめん…4玉
あさり（砂出しする）…24個
ねぎ…1本
ハム…4枚
にんにく、しょうが…各1かけ

A 酒…大さじ2
　水…120㎖

B ナンプラー…大さじ2
　しょうゆ、ごま油
　　…各大さじ1

黒こしょう…少々
サラダ油…大さじ2

■ 作り方

1 ハムは6等分に切り、ねぎは1cm厚さの斜め切りにする。にんにく、しょうがはみじん切りにする。

2 ホットプレートにサラダ油を引き、半面に 1、あさり、まぜ合わせた A を広げ、もう半面にめんを広げてふたをする。140度で10分加熱する。

3 ふたをとり、温度を180度に上げて B を加え、全体をいため合わせ、黒こしょうを振る。

ハム×ねぎで
彩りもよく
仕上がる

適度な塩けとプリッとした
たこの食感が◎

# たこめし

■ 材料（4〜5人分）
米…540㎖（3合）
ゆでだこ…240g
ねぎ…1本
しょうが…1かけ
ごま油、酒…各大さじ1
A｜塩…小さじ1
　｜しょうゆ…大さじ1
　｜水…560㎖
貝割れ菜…適量

■ 作り方

1　米は洗って水に30分ほどつけ、ざるに
　　上げて水けをきる。たこは食べやすく
　　切る。ねぎは小口切り、しょうがはみ
　　じん切りにする。

2　ホットプレートにごま油を引き、米以
　　外の 1、酒を入れてふたをする。140
　　度で5分加熱する。

3　ふたをとり、A を加えて米を全体に広
　　げ、温度を200度に上げる。

4　ぐつぐつしてきたらふたをする。温度
　　を140度に下げて13分加熱し、保温に
　　して10分蒸らす。

5　貝割れ菜を散らす。

生米から
炊き上げるのに
スピード調理

ごはんで土手を作れば
ホットプレートひとつで完成

# かに玉
# あんかけごはん

■ 材料 （4〜5人分）
ごはん…800g
かに風味かまぼこ…150g
卵…8個
しいたけ…4個
ねぎ…½本
A｜鶏ガラスープ…200㎖
　｜かたくり粉…小さじ2
　｜しょうゆ…大さじ1
　｜砂糖、酢、ごま油…各小さじ1
塩…少々
サラダ油…大さじ1
ごま油…大さじ2

■ 作り方

1　かにかまはほぐす。卵はときほぐし、塩とか
　　にかまを加える。しいたけは薄切り、ねぎは
　　斜め薄切りにする。

2　ホットプレートにサラダ油を引いて、ごはん
　　を中央をあけて土手状にのせる。

3　中央にをごま油を引いて、しいたけ、ねぎを
　　広げてふたをする。140度で5分加熱する。

4　ふたをとり、中央に卵液を軽くまぜてから加
　　えて大きく円を描くようにいため、半熟の状
　　態でごはんにのせる。

5　中央に A を入れ、まぜながらとろみをつけ、
　　あんを作る。

ちょっと酸味のある
あんが決め手

たっぷり入った
塩鮭で見た目も
鮮やか

カルシウムが豊富な鮭 × 小松菜

# 鮭と小松菜のチャーハン

■ 材料（4〜5人分）
あたたかいごはん…800g
塩鮭…3〜4切れ
小松菜…4株
酒…小さじ2
しょうゆ、いり白ごま…各大さじ1
塩…少々
ごま油…大さじ2

■ 作り方

1 鮭に酒をまぶす。小松菜は3cm長さに切る。

2 ホットプレートにごま油を引き、鮭、小松菜、ごはんをそれぞれ広げ、ふたをする。140度で5分加熱する。

3 ふたをとり、鮭を返して3分焼き、とり出して骨をとってから戻し入れ、しょうゆを回しかける。鮭をほぐしながら全体をまぜ合わせる。

4 塩で味をととのえて白ごまを振る。

トッピングの
のり&青じそで
風味がアップ

明太子の辛みと豆乳のコクが好相性

# クリーム明太子うどん

**■ 材料（4〜5人分）**

ゆでうどん…4玉
からし明太子…2腹（80g）
青じそ…10枚
Ａ ┃ だし…200㎖
　 ┃ しょうゆ…小さじ2
豆乳…300㎖
刻みのり…少々

**■ 作り方**

1 明太子は縦に切り目を入れて、薄皮から出してほぐす。青じそはせん切りにする。

2 ホットプレートにうどんとＡを広げてふたをする。140度で6分加熱する。

3 ふたをとり、うどんをほぐして豆乳と明太子を加えて全体をまぜ、青じそと刻みのりを散らす。

せん切り野菜で
ボリュームも満点！

### カリフワ食感でもりもり食べられる
# ちくわと野菜のチヂミ

■ 材料（4〜5人分）

小麦粉…大さじ6
かたくり粉…大さじ4
ちくわ（10cm）…10本
にら…1束
にんじん…½本
かぼちゃ…⅛個（160g）
A｜卵…4個
　｜塩…小さじ½
　｜しょうゆ…小さじ2
ごま油…大さじ4
〈たれ〉
　｜ねぎのみじん切り…大さじ2
　｜すりごま…大さじ1
　｜一味とうがらし…少々
　｜しょうゆ…大さじ2
　｜酢…小さじ2

■ 作り方

1 ちくわは長さを半分に切ってから四つ割りにする。にらは5cm長さに切り、にんじん、かぼちゃはせん切りにする。すべてをボウルに入れ、小麦粉大さじ2をまぶす。たれの材料は合わせる。

2 別のボウルに A を入れて泡立て器でまぜ、残りの小麦粉とかたくり粉を加えてまぜ、さらにたれ以外の 1 を加えてさっくりとまぜる。

3 ホットプレートを200度にあたためる。ごま油大さじ2を引き、2 の半量を数カ所に薄く広げておき、こんがり焼く。

4 焼き色がついたら返して焼く。残りも同じように焼く。

香り豊かなさくらえびがおいしさのヒミツ

# えびレタスチャーハン

■ 材料（4～5人分）

ごはん…800g
さくらえび（乾燥）…20g
レタス…4枚
卵…4個
ねぎ…⅓本
塩…適量
こしょう… 少々
しょうゆ、ごま油…各小さじ2
黒こしょう…少々
サラダ油…大さじ2

■ 作り方

**1** ねぎはあらみじんに切り、レタスは一口大に切る。卵は塩少々を加えてときほぐす。

**2** ホットプレートにサラダ油大さじ1を引いて、半面にさくらえびとねぎ、もう半面にごはんを広げてふたをする。140度で3分加熱する。

**3** ふたをとり、温度を180度に上げる。あいたスペースにサラダ油大さじ1を引き、卵液を広げて大きくまぜる。半熟状になったら塩小さじ½、こしょう、しょうゆを加え、全体をいため合わせる。

**4** まわりにレタスをおき、ごま油を回しかけて香りづけをし、黒こしょうを振る。

レタスは
最後に入れて
歯ごたえを残して

おこげを作りながら
みんなで囲みたい

もちとめんが入って腹もちバッチリ

# もんじゃ焼き

■ 材料 （4～5人分）
中華蒸しめん…1玉
切りもち…2個
キャベツ…¼個 （400g）
塩…少々
A｜ さくらえび（乾燥）、切りいか、
　　紅しょうが…各20g
　　揚げ玉…60g
　　小麦粉…大さじ6
　　だし…600㎖
　　ウスターソース…大さじ4
サラダ油…大さじ2

■ 作り方

1 キャベツはせん切りに、めんは4等分に切る。もちは8等分にする。

2 Aを大きめのボウルに入れ、泡立て器でよくまぜる。

3 ホットプレートを200度にあたためる。サラダ油を引き、キャベツとめんを広げて塩を振り、よくいためる。

4 まん中をあけて土手を作り、2を流し入れ、もちを加える。

5 ぐつぐつしてきたら全体をまぜ合わせる。

プリッとえびを
ぜいたくに使って♪

にんにく風味がしみたごはんが美味

# ガーリックシュリンプライス

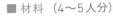
■ 材料 （4〜5人分）

ごはん…800g

えび（大）…350g

にんにく…2かけ

パセリ…少々

バター…大さじ1

A ┃ 塩…小さじ¼
　 ┃ 酒…小さじ1

塩、黒こしょう…各少々

サラダ油…大さじ1½

■ 作り方

1 えびは背わたをとって水けをふき、A をもみ込む。にんにくとパセリはみじん切りにする。

2 ホットプレートにサラダ油を引き、半面ににんにく、えびを広げ、もう半面にごはんを広げてふたをする。140度で5分加熱する。

3 ふたをとり、えびを返して焼く。温度を180度に上げ、えびが焼けたらバター、塩を加えて全体をまぜ、パセリ、黒こしょうを振る。

発酵なしの簡単生地に具をのせて

# トマトピザ

■ 材料 （4枚分）

〈ピザ生地〉

| A | 強力粉、薄力粉…各150g
| | ベーキングパウダー
| | …小さじ2
| | 塩…小さじ⅔
水（常温）…160mℓ
オリーブオイル…大さじ1

〈トッピング〉

| トマト…2個
| ベーコン…4枚
| とろけるチーズ…150g
強力粉（打ち粉用）…適量
オリーブオイル…大さじ2
塩、黒こしょう…各少々

■ 作り方

1 生地を作る。ボウルにAを入れ、中央を
くぼませて水を加え、手で全体をまぜな
がら2分ほどこねる。オリーブオイルを
加え、打ち粉をしたまないたにとり出し
てさらに2分こね、4等分する。めん棒で
20×10cmくらいにのばす。

2 トマトは食べやすく、ベーコンは1cm幅に
切る。

3 ホットプレートにオリーブオイル小さじ
2を引いて生地を並べ、それぞれの表面
にオリーブオイル小さじ1ずつをぬる。

4 2、とろけるチーズをのせて塩、黒こし
ょうをし、ふたをする。180度で10分焼く。

5 ふたをとり、ピザの底がカリッとするま
で焼く。

"とろ～り＆カリッ"
チーズのダブル食感

ナンプラーが風味づけに大活躍

# 厚揚げと小松菜の
# エスニックごはん

■ 材料 （4〜5人分）

ごはん…800g
厚揚げ…2枚
小松菜…4株
にんにく、しょうが…各1かけ
パクチー…10本
A　みりん…大さじ2
　　ナンプラー…大さじ4
　　ごま油…小さじ2
卵…5個
黒こしょう…少々
サラダ油…大さじ2

■ 作り方

1　厚揚げは1cm角に切り、小松菜とパクチーは3cm長さに切る。にんにくとしょうがはみじん切りにする。

2　ホットプレートにサラダ油を引き、半面に厚揚げ、小松菜、にんにく、しょうがを、もう半面にごはんを広げてふたをする。140度で7分加熱する。

3　ふたをとり、温度を180度に上げる。具のほうに A を加えて煮からめ、ごはんとまぜ合わせる。

4　あいたスペースに半熟の目玉焼きを作る。パクチーを散らし、黒こしょうを振る。

角切り厚揚げで
食べやすさも
ばっちり

酸味とクリームの絶妙コラボ

# ツナトマトクリームペンネ

■ 材料（4〜5人分）

ペンネ…320g

ツナ缶…2缶

にんにく…1かけ

A｜トマト缶（カット）…400g
　｜塩…小さじ⅔
　｜こしょう…少々

水…700㎖

生クリーム…100㎖

パセリ…少々

※このレシピでは、13分ゆでのペンネを
　使用しています。それ以外のペンネを
　使用する場合は、加熱時間を調整して
　ください。

■ 作り方

1 にんにくとパセリはみじん切りにする。

2 ホットプレートにツナを缶汁ごと、に
　んにく、A、水500㎖を入れて軽くま
　ぜる。ペンネを広げ、ふたをする。
　140度で10分加熱する。

3 ふたをとり、水200㎖を加え、ふたを
　してさらに5分加熱する。

4 ふたをとり、全体をまぜる。ペンネが
　アルデンテにゆで上がったら生クリー
　ムを加えてまぜ、パセリを散らす。

パスタレシピに
ペンネの
新バリエーション

もち米を衣にすれば
主食にもなっちゃう!

# もち米シューマイ

■ 材料 （4〜5人分）

もち米…150g
豚ひき肉…400g
ねぎ…½本
A｜おろししょうが
　　…1かけ分
　｜しょうゆ…大さじ1
　｜塩…小さじ⅓
　｜酒…小さじ2
　｜ごま油…大さじ½
　｜かたくり粉…大さじ1
水…大さじ3
キャベツ…400g

■ 作り方

1　もち米は洗って水に30分以上つけ、ざ
　　るに上げて水けをきる。キャベツは細
　　切りにする。

2　ボウルに、ひき肉、あらみじんに切っ
　　たねぎ、A を加えて手でねるようにま
　　ぜ合わせる。18等分にして丸め、まわ
　　りにもち米をつける。

3　ホットプレートにキャベツを敷き詰め
　　て 2 をのせ、全体に水を回しかけてふ
　　たをする。140度で17分加熱する。食
　　べるときに好みでしょうゆをつけて。

敷き詰めた
キャベツも
一緒にどうぞ

ちょい焦げチーズが香ばしさを強調

# パングラタン

■ 材料（4〜5人分）

食パン（6枚切り）…4枚
ソーセージ…12本
玉ねぎ…½個
Ａ　小麦粉…大さじ2
　　牛乳…400㎖
　　塩…少々
とろけるチーズ…100g
塩、こしょう…各少々
サラダ油…大さじ1
パセリのみじん切り…適量

■ 作り方

1　ソーセージは長さを半分に切り、玉ね
　ぎは薄切りにする。食パンは1枚を8等
　分に切る。

2　ホットプレートにサラダ油を引き、ソ
　ーセージ、玉ねぎを広げ、塩、こしょ
　うをしてふたをする。140度で5分加熱
　する。

3　ふたをとり、まぜ合わせた Ａ を少しず
　つ加え、まぜながらとろみをつける。

4　食パンを加え、あいているスペースで
　チーズをとかしながら少し焦げるくら
　いまで焼き、パセリを振る。

朝食のレギュラー
メンバーを
一皿に

えびと
サフランライスで
食卓が華やぐ

鶏肉と魚介のだしでうまみが集結！

# パエリア

■ 材料（4〜5人分）
米…540㎖（3合）
えび（あれば有頭えび）…8尾
あさり（砂出しする）…20個
鶏もも肉…300g（1枚）
パプリカ…½個
玉ねぎ…¼個
にんにく…1かけ
A｜オリーブオイル…大さじ2
　｜白ワイン（酒でも可）
　｜　…大さじ1
B｜湯…540㎖
　｜サフラン…ひとつまみ
　｜塩…小さじ1
パセリのみじん切り…少々
レモンのくし形切り…1個分

■ 作り方

1　米は洗って水に30分ほどつけ、ざるに
　上げて水けをきり、30分ほどおく。

2　えびは背わたをとり、あさりはよく洗
　う。鶏肉とパプリカは3cm角に、玉ねぎ、
　にんにくはみじん切りにする。

3　ホットプレートにえび、あさり、鶏肉、
　玉ねぎ、にんにく、A を広げてふたを
　する。140度で7分加熱する。

4　ふたをとり、あさりをとり出し、米、
　パプリカ、B を加える。全体に広げて、
　えびをバランスよく並べ直す。

5　温度を200度に上げる。ぐつぐつして
　きたらふたをして、140度に下げ13分
　加熱する。

6　底からパチパチと音が聞こえたらおこ
　げができているので、ふたをとり、あ
　さりを加える。芯が残っている米があ
　れば、その部分に水を少量加えてまぜ、
　ふたをして140度で5分再加熱する。

7　保温で5分ほど蒸らし、ふたをとり、
　パセリとレモンを飾る。

黒こしょうで
ピリッと
アクセントづけ

シンプルな味つけにガーリックが香る

# ブロッコリーとベーコンの
# ガーリックスパゲッティ

■ 材料 （4～5人分）

スパゲッティ…360g
ベーコン…4枚
にんにく…1かけ
ブロッコリー…1個
オリーブオイル…大さじ4
水…700㎖
塩…小さじ1
黒こしょう…少々

※このレシピでは、7分ゆで・1.6
mmのスパゲッティを使用してい
ます。それ以外のスパゲッティ
を使用するときは、加熱時間を
調整してください。

■ 作り方

1 ベーコンは1㎝幅に切り、にんにくはみじん切
りにする。ブロッコリーは小房に分ける。

2 ホットプレートに 1 を広げてオリーブオイル大
さじ2を回しかけ、ふたをする。140度で4分
加熱する。

3 ふたをとり、水600㎖、スパゲッティ、塩、黒
こしょうを加える。ふたをして7分加熱したあ
と、水100㎖を加えてスパゲッティをほぐし、
ふたをしてさらに2分加熱する。

4 ふたをとり、全体をまぜる。スパゲッティが
アルデンテにゆで上がったら残りのオリーブ
オイルを回しかけて全体をまぜる。

香ばしく焼き上げたたけのことお揚げ

# たけのこまぜごはん

■ 材料（4〜5人分）
ごはん…800g
たけのこ（水煮）…300g
油揚げ…1枚
かつお節…10g
しょうゆ…大さじ2
みりん…大さじ1
塩、こしょう…各少々
サラダ油…大さじ2
万能ねぎの小口切り…5本分

■ 作り方

1 たけのこは5mm厚さ、油揚げは1cm幅に切る。

2 ホットプレートにサラダ油を引き、半面にたけのこと油揚げ、もう半面にごはんを広げ、全体に塩、こしょうを振ってふたをする。140度で5分加熱する。

3 ふたをとり、具のほうにみりん、しょうゆを加え、温度を180度に上げる。汁けをとばしながら煮からめて、かつお節を加える。ごはんと合わせて万能ねぎを散らす。

たけのこの食感を
楽しみながら
食べたい

ホットプレートなら
パンが焦げない

パンのサクサク感がたまらない

# 焼きサンドイッチ

■ 材料 （4個分）

食パン（8枚切り）…8枚
ハム…4枚
ピーマン…4個
スライスチーズ
（とろけるタイプ）…4枚
マヨネーズ、粒マスタード
　…各適量
バター…大さじ2
サラダ油…大さじ1

■ 作り方

1　ピーマンは細切りにする。

2　食パンにマヨネーズとマスタードをぬ
　り、ハム、ピーマン、スライスチーズ
　をはさんでサンドイッチにし、上面に
　バターをぬる。

3　ホットプレートにサラダ油を引き、2
　を並べてふたをする。140度で3分加熱
　する。

4　ふたをとり、サンドイッチを返してか
　らプレートに押しつけて焼き色をつけ
　る。

おやつ感覚で
食べられる
ミニサイズ

細切りじゃがいもがパリパリの食感に

# ごはんとじゃこの
# じゃがいもお焼き

■ 材料（4～5人分）
じゃがいも…2個（240g）
あたたかいごはん…150g
ちりめんじゃこ…35g
とろけるチーズ…150g
小麦粉…大さじ2
塩、いり白ごま…各少々
ごま油…大さじ1

■ 作り方

1 じゃがいもは1個をすりおろし、1個をせん切りにする。

2 ボウルに 1 、ちりめんじゃこ、とろけるチーズ、ごはん、小麦粉、塩を入れてまぜる。

3 ホットプレートにごま油を引き、 2 をスプーンですくってのせて平らにし、白ごまを振り、ふたをする。140度で5分加熱する。

4 ふたをとり、 3 を返してこんがりと焼き、好みでしょうゆをたらす。

しらすのうまみを大根おろしが引き出す

大根おろしがきいて
さっぱりヘルシー

# 大根おろしの
# 和風スパゲッティ

## ■ 材料 （4〜5人分）

スパゲッティ… 360g
A 大根おろし…300g
　　おろししょうが
　　　…1かけ分
　　しょうゆ…大さじ1
　　塩…小さじ1
だし…700㎖
オリーブオイル…大さじ2
しらす…80g
万能ねぎの小口切り
　…10本分

## ■ 作り方

1 ホットプレートにまぜ合わせた A 、だし600
　㎖を入れ、スパゲッティを加えてひたしてふ
　たをする。140度で7分加熱する。

2 ふたをとり、だし100㎖を加えてスパゲッティ
　をほぐし、ふたをしてさらに3分加熱する。

3 ふたをとり、全体をまぜる。スパゲッティが
　アルデンテにゆで上がったらオリーブオイル
　を回しかけて全体をまぜ、しらすと万能ねぎ
　を散らす。

※このレシピでは、7分ゆで・1.6mmのスパゲッティを使
　用しています。それ以外のスパゲッティを使用すると
　きは、加熱時間を調整してください。

## PART 2

ホットプレートで
おいしい
—
# おかず

ホットプレートは、
いわば大きなフライパンみたいなもの。
いため物や汁けの少ない煮物など、
さまざまな料理を
作ることができます。
休日のランチだけではなく、
忙しい日こそ、ホットプレートおかずを
作ってみてください。

定番の味を鶏肉でアレンジ

# 酢鶏

■ 材料（4人分）

鶏もも肉…600g（2枚）
ピーマン…4個
たけのこ（水煮）…150g
玉ねぎ…1個
にんじん…½本
塩…小さじ½
こしょう… 少々
かたくり粉…大さじ3
A｜しょうゆ、砂糖、酢、水
　　…各大さじ2
　　オイスターソース…大さじ1
　　かたくり粉…小さじ2
サラダ油…大さじ2

■ 作り方

1 鶏肉は一口大に切り、塩、こしょうを
　もみ込み、かたくり粉をまぶす。ピー
　マン、たけのこは一口大に切り、玉ね
　ぎは縦半分にしてから1cm厚さに切り、
　にんじんは5mm厚さの輪切りにする。

2 ホットプレートにサラダ油を引いて、
　鶏肉、たけのこ、玉ねぎ、にんじんを
　広げて、ふたをする。140度で10分加
　熱する。

3 ふたをとり、温度を180度に上げて鶏
　肉と野菜を返し、ピーマンを加えてさ
　らに3分焼く。

4 あいているスペースにまぜ合わせた A
　を加えてまぜ、とろみが出たら全体を
　合わせる。

大きめの具で
大満足な
食べごたえ

75

チキンの辛みが
チーズでまろやかに

# チーズ
# タッカルビ

■ 材料（4人分）

鶏もも肉…600g（2枚）
とろけるチーズ…150g
玉ねぎ…1個
キャベツ…250g
A｜コチュジャン…大さじ3
　｜しょうゆ、砂糖…各大さじ1
　｜おろししょうが、
　｜　おろしにんにく
　｜　　…各1かけ分
ごま油…大さじ2

■ 作り方

1　鶏肉は一口大に切り、まぜ合わせた A
　をもみ込み、15分ほど室温におく。玉
　ねぎは縦半分に切ってから5mm厚さ、キ
　ャベツは一口大に切る。

2　ホットプレートにごま油を引き、鶏肉、
　玉ねぎ、キャベツを広げ、ふたをする。
　140度で10分加熱する。

3　ふたをとり、鶏肉を返して温度を180
　度に上げ、全体を煮からめる。

4　中央にスペースをつくり、とろけるチ
　ーズを広げてとかす。

とろ〜り
チーズと
召し上がれ

下味を
つけておけば
焼くだけ！

マイルドなカレー味は
子どもも食べやすい

# タンドリーチキン

■ 材料 （4人分）

鶏もも肉…600g（2枚）

かぼちゃ…¼個

ズッキーニ…1本

A｜塩…小さじ1
　｜こしょう…少々
　｜おろしにんにく、おろししょうが
　｜　…各1かけ分
　｜プレーンヨーグルト…大さじ4
　｜カレー粉…大さじ1

塩…少々

サラダ油…大さじ2

■ 作り方

1　鶏肉は一口大に切り、まぜ合わせた A
　をもみ込み、30分室温におく。かぼち
　ゃとズッキーニは2cm厚さに切る。

2　ホットプレートにサラダ油を引く。鶏
　肉を皮目を下にしてまん中に並べ、か
　ぼちゃとズッキーニは塩を振って、鶏
　肉のまわりに並べてふたをする。140
　度で10分加熱する。

3　ふたをとり、温度を180度に上げ、鶏
　肉と野菜を返す。鶏肉に火が通り、全
　体に焼き色がつくまで焼く。

卵の衣でチキンが
まろやかに仕上がる

# スパイシー
# ピカタ

■ 材料 （4人分）
鶏胸肉…2枚（600g）
塩…適量
こしょう…少々
カレー粉…小さじ2
小麦粉…大さじ4
卵…2個
サラダ油…大さじ2
さやいんげん…20本

■ 作り方

1 鶏肉は繊維を断ち切るように一口大のそぎ切
りにし、塩小さじ⅔とカレー粉をもみ込み、
小麦粉をまぶす。いんげんは2等分にする。ボ
ウルに卵を割りほぐし、塩少々を加える。

2 ホットプレートにサラダ油を引き、鶏肉を卵
液にくぐらせてから並べる。残った卵液はと
っておく。あいたスペースにいんげんを広げ、
塩、こしょう各少々を振り、ふたをする。140
度で5分加熱する。

3 ふたをとり、鶏肉を返し、残った卵液を鶏肉
の上に回しかけ、温度を180度に上げて焼く。
好みでトマトケチャップをつける。

ほのかな
カレー味が
やみつきに

切り干し大根
入りで
栄養価も高い

しっかり味のたれで野菜も食べやすく

# 蒸し鶏

■ 材料 （4人分）

鶏胸肉…600g（2枚）
もやし…1袋
切り干し大根…30g
豆苗…1パック
塩…小さじ½
酒、かたくり粉…各小さじ2
〈たれ〉
　万能ねぎの小口切り…10本分
　しょうゆ…大さじ4
　ごま油、すり白ごま…各大さじ1

■ 作り方

1 鶏肉は繊維を断ち切るように一口大の
そぎ切りにし、塩、酒をもみ込んで室
温に20分おき、かたくり粉をまぶす。
切り干し大根は水に10分つけてもどし、
水けをしぼる。豆苗は2等分にする。
たれの材料はまぜ合わせる。

2 ホットプレートにもやし、切り干し大
根、豆苗の順に広げて重ね、鶏肉をま
んべんなくのせてふたをする。140度
で10分加熱し、余熱で5分蒸らす。

コクがあって
ほどよくこってり

ゴルゴンゾーラで味が格上げ

# 鶏とカリフラワーの
# チーズクリームソース

### ■ 材料（4人分）

鶏もも肉…600g（2枚）
カリフラワー…1個
A｜酒…小さじ2
　｜塩…小さじ⅔
　｜こしょう… 少々
生クリーム…100㎖
ゴルゴンゾーラ…50g
サラダ油…大さじ1
パセリのみじん切り…適量

### ■ 作り方

1 カリフラワーは小房に分けてから鶏肉ととも
　に一口大に切る。鶏肉に A をもみ込んで室温
　に10分おく。

2 ホットプレートにサラダ油を引いて、皮目を
　下にした鶏肉とカリフラワーを広げ、ふたを
　する。140度で5分加熱する。

3 ふたをとり、鶏肉とカリフラワーを返し、温
　度を180度に上げて鶏肉に火が通るまで加熱
　する。

4 生クリームとゴルゴンゾーラを加え、チーズ
　にとろみがつくまでまぜながらあたためパセ
　リと、好みで黒こしょうを振る。

かたくり粉で鶏肉が
やわらかく

ナンプラーの風味がマイルドに

# 鶏とアスパラガスの
# ナンプラーバターいため

■ 材料（4人分）

鶏胸肉…600g（2枚）
グリーンアスパラガス
　　…12本
A｜塩…小さじ⅓
　｜こしょう…少々
　｜酒…小さじ2
かたくり粉…大さじ2
ナンプラー…大さじ2
バター…大さじ1
サラダ油…大さじ1½
万能ねぎの小口切り…3本分

■ 作り方

1　鶏肉は皮をとって繊維を断ち切るように一
　口大のそぎ切りにし、A をもみ込み、かた
　くり粉をまぶす。アスパラは根元のかたい
　部分の皮をむき、3等分する。

2　ホットプレートにサラダ油を引き、鶏肉と
　アスパラを広げ、ふたをする。140度で5分
　加熱する。

3　ふたをとり、温度を180度に上げて鶏肉を
　返す。全体に火が通ったらバターとナンプ
　ラーを加えていため合わせ、万能ねぎを散
　らす。

照り焼き風の甘めのたれがごはんに合う

# 鶏ひき肉ととうふのハンバーグ

■ 材料 （4人分）

鶏ひき肉…400g

木綿どうふ…200g

ねぎ…⅓本

小松菜…4株

A｜おろししょうが…1かけ分
　｜塩…小さじ½
　｜しょうゆ… 小さじ2
　｜パン粉…20g
　｜かたくり粉…大さじ1
　｜ごま油…小さじ2

サラダ油…大さじ2

B｜しょうゆ…大さじ3
　｜みりん…大さじ2
　｜砂糖…大さじ1

■ 作り方

1 とうふはキッチンペーパーで軽く水けをとりボ
ウルに入れる。ひき肉、ねぎ、A を合わせてよ
くねりまぜ、8等分にする。小松菜は5cm長さに
切る。ねぎはみじん切りにする。

2 ホットプレートにサラダ油を引く。両手にサラ
ダ油少々（分量外）をぬり、たねを両手で軽く
投げ合って、中の空気を抜きながら円盤形にし、
まん中をくぼませる。ホットプレートに並べて
ふたをする。140度で5分加熱する。

3 ふたをとり、焼き色がついていたら返し、小松
菜を加える。ふたをしてさらに5分ほど焼く。

4 まぜ合わせた B を加え、全体を煮からめる。

とうふ入りで
やわらかくて
ヘルシー

にらとしょうがの効果で食欲がアップ

# にら棒ギョーザ

■ 材料 （50個分）

豚ひき肉…500g

にら…1束

ギョーザの皮…50枚

A｜おろししょうが
　　…2かけ分
　　塩…小さじ½
　　酒、しょうゆ、ごま油
　　…各小さじ2
　　甜麺醤…大さじ2
　　かたくり粉…大さじ1½

湯…50mℓ

サラダ油…大さじ2

■ 作り方

1　にらは1cm幅に切る。ボウルに豚ひき肉、にら、 A を入れてよくねりまぜる。

2　ギョーザの皮にたねを適量のせ、両端を中央に向かってたたみ、とじ目に水をつけてとめ、棒状にする。

3　ホットプレートにサラダ油を引いて 2 をのせ、140度に加熱する。あたたまったら湯を注ぎ、ふたをして5分加熱する。

4　ふたをとり、温度を180度に上げて返し、焼き目がつくまで焼く。好みで酢じょうゆをつける。

パリッと食感で
パクパク食べられる

定番中華を
和風にアレンジ

# 塩麻婆豆腐

■ 材料（4人分）
木綿どうふ…2丁
豚ひき肉…400g
にんにく、しょうが…各1かけ
塩…小さじ1
酒…大さじ1
だし…500mℓ
A｜かたくり粉…小さじ2
　｜水…大さじ2
万能ねぎの小口切り…10本分
ごま油…大さじ1
サラダ油…大さじ1

■ 作り方

1 にんにくとしょうがはみじん切りにする。

2 豚ひき肉ににんにく、しょうが、塩、酒を合わせてまぜる。

3 ホットプレートにサラダ油を引き、2をほぐしてふたをする。140度で7分加熱する。

4 ふたをとり、軽くほぐし、だしととうふを加え、木べらなどでとうふを軽くくずす。温度を180度に上げて5分加熱する。

5 まぜ合わせたAを回し入れ、木べらで全体をまぜてとろみをつける。ごま油を回しかけて香りづけをし、万能ねぎを散らす。

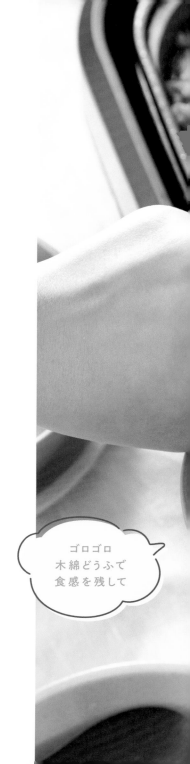

ゴロゴロ
木綿どうふで
食感を残して

こだわり調味料のおかげで本格派の味に

# ホイコーロー

■ 材料 （4人分）

豚バラ薄切り肉…400g
キャベツ…400g
ピーマン…4個
塩…少々
サラダ油…大さじ1
A 豆板醤…小さじ2
　 甜麺醤…大さじ2
　 しょうゆ、酒、水
　　 …各大さじ1
　 おろしにんにく…½かけ分
　 かたくり粉…小さじ1
ごま油…小さじ2

■ 作り方

1 キャベツは一口大、ピーマンは四つ割りにしてから長さを半分に切り、ともにボウルに入れ、サラダ油を加えてからめる。豚肉は5cm幅に切る。

2 ホットプレートに豚肉を広げて塩を振り、キャベツとピーマンを順に重ねてふたをする。140度で6分加熱する。

3 ふたをとり、温度を180度に上げる。まぜ合わせた A を回し入れて全体をいため合わせ、ごま油を回しかける。

# 【お詫びと訂正】

本書『ホットプレートひとつでごちそうごはんができちゃった100』におきまして、下記のとおり誤りがございました。


<u>P.142「ナッツブラウニー」</u>

【材料】
材料内にある「熱湯…2〜3カップ」は使用しません。

【作り方】
作り方4の1〜2行目
　（誤）「ホットプレートにのせてあいたスペースに熱湯を注ぎ、ふたをする。」
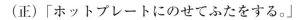
　（正）「ホットプレートにのせてふたをする。」


深くお詫びするとともに、訂正をさせていただきます。


株式会社主婦の友社

キャベツが
たっぷり食べられる
逸品

根菜の
丸い断面は
見た目もかわいい

ちょっと甘めの味つけは子どもにもウケる

# 豚肉と根菜の
# みそいため

■ 材料（4人分）

豚切り落とし肉…400g
れんこん…200g
ごぼう…½本
さつまいも…小½本（100g）

A｜みそ…大さじ2
　｜みりん…大さじ1
　｜砂糖…小さじ2
　｜おろししょうが
　｜　…1かけ分

酒…大さじ1
塩、こしょう…各少々
サラダ油…大さじ2

■ 作り方

1　れんこんは皮をむき、さつまいもは皮
　をよく洗い7mm厚さの輪切り、ごぼう
　は5mm厚さの輪切りにしてからさっと
　水にさらしてアクを抜く。

2　ホットプレートにサラダ油を引き、野
　菜を並べ、その上に豚肉をのせて酒と
　塩、こしょうを振ってふたをする。140
　度で6分加熱する。

3　ふたをとり、すべてを返して焼く。温
　度を180度に上げ、まぜ合わせた A を
　加え、全体をいため合わせる。

食べごたえのある
厚切りヒレ肉

マスタードの酸味に甘みをプラス

# ハニーマスタードポーク

### ■ 材料（4人分）

豚ヒレかたまり肉…500g
塩…小さじ½
こしょう… 少々
小麦粉…大さじ3
A｜ はちみつ、粒マスタード
　｜　…各大さじ2
　｜ しょうゆ…大さじ3
サラダ油…大さじ2
さやいんげん…24本

### ■ 作り方

1 豚肉は1cm厚さに切り、塩、こしょうを振り小麦粉をまぶす。いんげんはへたをとる。

2 ホットプレートにサラダ油を引き、豚肉といんげんを広げてふたをする。140度で7分加熱する。

3 ふたをとり、豚肉といんげんを返し、まぜ合わせた A を加え、温度を180度に上げてよくまぜてからめる。

トッピングには
かつお節が
マスト

# ゴーヤーチャンプル

■ 材料（4人分）

ゴーヤー…1本
豚切り落とし肉…300g
木綿どうふ…1丁
卵…2個
しょうが…1かけ
A │ 酒…小さじ2
　│ 塩…小さじ½
　│ こしょう…少々
しょうゆ…大さじ1
かつお節…10g
サラダ油…大さじ2

■ 作り方

1　豚肉に A をもみ込む。ゴーヤーは縦半分に切り、種とわたをとって横薄切りにする。しょうがはみじん切りにする。とうふは8等分に切って水けをとる。卵はときほぐす。

2　ホットプレートにサラダ油を引き、卵以外の 1 を入れてふたをする。140度で6分加熱する。

3　ふたをとり、温度を180度に上げて豚肉ととうふを返して焼く。全体に火が通ったらかつお節としょうゆを加え、とき卵を回し入れていため合わせる。

皮つき大根で
煮くずれ防止

しっかりした味が大根にしみる

# 大根の肉巻き

■ 材料（4人分）

大根…500g
豚バラ薄切り肉…400g
A｜ しょうゆ、酒、みりん、
　｜ 水…各大さじ2
サラダ油…大さじ1

■ 作り方

1 豚肉は8cm幅に切る。大根は皮つきの
　 まま7mm厚さの半月切りにして豚肉で
　 巻く。

2 ホットプレートにサラダ油を引いて 1
　 を並べ、ふたをする。140度で7分加熱
　 する。

3 ふたをとり、 2 を返してまぜ合わせた
　 A を回し入れ、ふたをして、さらに10
　 分加熱する。

4 ふたをとり、温度を180度に上げ、水
　 分をとばすように煮からめる。好みで
　 青じそとわさびを添える。

パンにも
ごはんにも
相性ばっちり

ケチャップ×ソースで味がキマる

# ポークチャップ

## ■ 材料（4人分）

豚ヒレかたまり肉…400g
玉ねぎ…1½個
スナップえんどう…16個
塩、こしょう…各少々
小麦粉…大さじ2
A｜トマトケチャップ…大さじ5
　｜とんカツソース…大さじ2
　｜水…大さじ2
サラダ油…大さじ2

## ■ 作り方

1 豚肉は1cm厚さに切り、塩、こしょう
をして小麦粉をまぶす。玉ねぎは1cm
厚さのくし形切りにし、スナップえん
どうは筋をとる。

2 ホットプレートにサラダ油を引いて、
半面に重ならないように豚肉を並べ、
もう半面に玉ねぎとスナップえんどう
を広げ、ふたをする。140度で7分加熱
する。

3 ふたをとり、温度を180度に上げて豚
肉や野菜を返しながら全体に色よく焼
く。中まで火が通ったら、まぜ合わせ
た A を加えて全体を煮からめる。

箸 が止まらないあっさり味

# 豚肉と白菜の重ね蒸し

■ 材料 （4人分）

豚バラ薄切り肉…400g
白菜…¼個
塩…少々

A｜おろししょうが
　　…2かけ分
　｜しょうゆ…大さじ3
　｜酒、みりん…各大さじ1
　｜ごま油…小さじ2
いり白ごま…少々
万能ねぎの小口切り…5本分

■ 作り方

1 豚肉は3cm幅に切って塩を振る。白菜
は1cm幅に切る。

2 ホットプレートに半量の白菜、半量の
豚肉の順に重ね、まぜ合わせた A の半
量をかける。これをもう一度くり返し、
ふたをする。140度で10分蒸し焼きに
する。

3 ふたをとり、白ごまを振って万能ねぎ
を散らす。

白菜の
シャキッと食感も
楽しんで

お好みで
ゆずこしょうの量を
ふやしても

人気の肉詰めは甘辛にアレンジ

# 野菜の肉詰め
# ゆずこしょう照り焼き

■ 材料（4人分）

豚ひき肉…400g
ピーマン…4個
れんこん…180g
しいたけ…8個
塩…小さじ½
酒…小さじ2
A｜しょうゆ…大さじ2
　｜酒、みりん、砂糖
　｜　…各大さじ1
　｜ゆずこしょう
　｜　…小さじ1
小麦粉…少々
サラダ油…大さじ2

■ 作り方

1 ピーマンは縦半分に切る。れんこんは
　1cm厚さの輪切りにする。しいたけは
　軸をとり、軸はみじん切りにする。

2 ボウルにしいたけの軸とひき肉を入れ
　てまぜ、塩、酒を加えてねばりが出る
　までよくねりまぜる。

3 ピーマンの内側、れんこんの穴、しい
　たけのくぼみに薄く小麦粉をつけて、
　2 を詰める。

4 ホットプレートにサラダ油を引き、3
　をひき肉の面を下にしてのせてふたを
　する。140度で7分加熱する。

5 ふたをとって上下を返す。温度を180
　度に上げ、焼き色がつくまで焼き、ま
　ぜ合わせた A を加えて全体を煮からめ
　る。

定番のしょうが焼きも
ホットプレートで

# 豚の
# しょうが焼き

■ 材料 （4人分）

豚肩ロース薄切り肉…400g

玉ねぎ…1個

塩、こしょう…各少々

かたくり粉…適量

A｜おろししょうが…2かけ分
　｜しょうゆ、酒、みりん
　｜　…各大さじ2

サラダ油…大さじ1

キャベツ…200g

■ 作り方

1 豚肉に塩、こしょうをしてかたくり粉
をまぶす。キャベツはせん切り、玉ね
ぎは1cm厚さのくし形切りにする。

2 ホットプレートにサラダ油を引き、豚
肉と玉ねぎを広げてふたをする。140
度で6分加熱する。

3 ふたをとり、全体をほぐしながら返し
て焼く。豚肉に火が通ったらまぜ合わ
せた A をかけて煮からめる。肉のまわ
りにキャベツを広げる。

ごはんに
のせて
丼にしても！

本格ロシア料理をおうちで召し上がれ

# トマトビーフストロガノフ

■ 材料（4人分）

牛切り落とし肉…400g
玉ねぎ…2個
マッシュルーム…10個
トマト…小2個
塩…小さじ½
こしょう… 少々
白ワイン（酒でも可）…大さじ1
小麦粉…大さじ2
水…400㎖
生クリーム…200㎖
サラダ油…大さじ2
パセリのみじん切り…適量

■ 作り方

1 玉ねぎは縦半分に切ってから薄切り、マッシュルームは5mm厚さに切り、トマトはざく切りにする。

2 ホットプレートにサラダ油を引き、牛肉、玉ねぎ、マッシュルームを広げて、塩、こしょう、白ワインを振ってふたをする。140度で7分加熱する。

3 ふたをとり、全体に小麦粉を振って粉っぽさがなくなるまでいためる。

4 水、トマトを加えて温度を180度に上げ、5分ほど煮込む。生クリームを加えまぜ、さらに2分ほど煮込み、パセリを散らす。

トマトの酸味が
生クリームで
まろやかに

スティックじゃがいもで火通りよく

# 牛肉とじゃがいもの甘辛いため

■ 材料 （4人分）

牛切り落とし肉…400g
じゃがいも…2個
塩、こしょう…各少々
**A** みそ、コチュジャン、酒
　　…各大さじ1
　　砂糖…小さじ2
　　水…大さじ1
サラダ油…大さじ2

■ 作り方

1 じゃがいもは1cm角の棒状に切る。

2 ホットプレートにサラダ油を引き、牛肉とじゃがいもを広げて塩、こしょうをしてふたをする。140度で10分加熱する。

3 ふたをとって全体を返し、まぜ合わせた **A** を加える。温度を180度に上げて全体をいため合わせる。

コチュジャンの
辛さがヤミツキに

ふんわり食感で野菜もたっぷり

# 煮込みハンバーグ

低温で煮込むから
焦げる心配なし

## ■ 材料（4人分）

合いびき肉…600g
玉ねぎ…½個
キャベツ…50g
A ┃ パン粉…30g
　┃ 牛乳…50mℓ
　┃ 卵…2個
　┃ ナツメグ…少々
　┃ トマトケチャップ…大さじ2
B ┃ トマト缶（カット）…400g
　┃ 水…200mℓ
　┃ 塩…小さじ½
　┃ こしょう…少々
　┃ ローリエ…2枚
塩…小さじ1
サラダ油…大さじ2

## ■ 作り方

1 玉ねぎはあらみじん、キャベツは2cm角に切る。

2 ボウルにひき肉と塩を入れて手でよくねり、Aを加えてさらにねりまぜる。8等分にし、両手にサラダ油（分量外）をぬり、たねを両手で軽く投げ合って、空気を抜きながら円形にして中央をくぼませる。

3 ホットプレートにサラダ油を引いて2を並べ、まわりに玉ねぎとキャベツを広げてふたをする。140度で7分加熱する。

4 ふたをとり、ハンバーグを返して野菜をひとまぜし、まぜ合わせたBを加える。ふたをして、さらに10分煮込む。好みで刻んだパセリを振る。

107

はるさめ入りだから
ボリュームも満点！

すりおろしりんごが隠し味に
# プルコギ

## ■ 材料 （4人分）
牛切り落とし肉…400g
玉ねぎ…1個
パプリカ（赤・黄）…各½個
しめじ…1パック
はるさめ…50g
A｜しょうゆ…大さじ3
　｜みりん…大さじ2
　｜酒…大さじ1
　｜おろしにんにく、
　｜　おろししょうが
　｜　…各1かけ分
　｜すりおろしりんご…½個分
　｜粉とうがらし…少々
万能ねぎ…10本
すり白ごま…少々
ごま油…小さじ2

## ■ 作り方

1 玉ねぎは縦半分に切ってから薄切り、パプリカは細切りにし、しめじはほぐす。はるさめは水に10分ほどつけてもどし、水けをきる。万能ねぎは5cm長さに切る。

2 ボウルにまぜ合わせた A を入れ、牛肉、玉ねぎ、パプリカ、しめじを加えてよくまぜ合わせ、15分ほどつけておく。

3 ホットプレートに 2 をつけ汁ごと入れてほぐし、ふたをする。140度で10分加熱する。

4 ふたをとり、水分のあるところにはるさめを加えて、つけ汁を吸わせるようにして全体をいため合わせる。

5 万能ねぎを散らし、すりごまをかけ、ごま油を回しかける。

あんかけで野菜がたっぷり食べられる

# ぶりのつけ焼き野菜あんかけ

## ■ 材料 （4人分）

ぶり…4切れ
もやし…1袋
にんじん…⅓本
チンゲンサイ…2株
A ┃ おろししょうが…1かけ分
　┃ しょうゆ…小さじ2
　┃ 酒…小さじ1
かたくり粉…大さじ4
塩…小さじ⅓
B ┃ だし…50㎖
　┃ しょうゆ…大さじ1
　┃ 砂糖、ごま油、かたくり粉
　┃ 　…各小さじ1
サラダ油…大さじ2

## ■ 作り方

1 ぶりはまぜ合わせた **A** に15分以上つけ、かたくり粉をまぶす。にんじんはせん切り、チンゲンサイは軸と葉に分け、軸は八つ割りにする。

2 ホットプレートにサラダ油を引き、半面にぶりを並べ、もう半面ににんじん、チンゲンサイ、もやしの順に重ね、塩を振り、ふたをする。140度で7分加熱する。

3 ふたをとって温度を180度に上げ、ぶりを返して焼く。

4 まぜ合わせた **B** を野菜にかけて、とろみが出るまでまぜる。

野菜あんを
ぶりにたっぷり
のせて

魚もきのこも
ふっくら仕上がる

# 鮭ときのこの
# 包み焼き

■ 材料（4人分）

生鮭…4切れ
えのきだけ…2パック
まいたけ…2パック
レモンの輪切り…4切れ
塩…少々
酒…小さじ4
バター…適量
しょうゆ…少々

■ 作り方

1 鮭に塩を振る。えのきは根元を切り落
　としてほぐし、まいたけもほぐす。

2 クッキングシート（30×40㎝）を4枚
　用意し、それぞれに鮭、えのき、まい
　たけ、レモンをのせ、酒小さじ1を振り、
　バターをのせる。クッキングシートの
　両端を折り曲げて封筒状にし、ホチキ
　スでとめる。

3 ホットプレートに 2 を並べ、ふたをす
　る。140度で10分加熱する。

4 ふたをとり、クッキングシートを開き、
　しょうゆをかける。

あさりとトマトのだしがきいた

# 白身魚の
# アクアパッツァ

■ 材料（4人分）

白身魚（鯛、すずきなど）…1尾
（内臓、うろこを処理したもの）
あさり（砂出ししたもの）…24個
ブロッコリー…1個
ミニトマト…15個
にんにく…1かけ
レモン…1個
白ワイン、水…各100㎖
塩…小さじ⅔
こしょう…少々
ローズマリー（生）…3本
オリーブオイル…大さじ2
黒こしょう…少々

■ 作り方

1　白身魚は、十文字に切り込みを入れ、塩、
　　こしょうを振って10分おき、出てきた
　　水けをふきとる。あさりはよく洗う。
　　ブロッコリーは小房に分け、にんにく
　　はつぶし、レモンは輪切りにする。

2　ホットプレートにオリーブオイルを引
　　いて1の白身魚を頭が左になるように
　　入れ、残りの1、ミニトマト、白ワイン、
　　水、ローズマリーを加えて、ふたをする。
　　140度で15分加熱する。

3　ふたをとり、黒こしょうを振る。

華やかな見た目で
パーティーにも

パリッとした皮の中に子持ちししゃもが

# ししゃもとキャベツの
# チーズ春巻き

■ 材料 （10個分）

ししゃも…10尾
キャベツ…100g
スライスチーズ…5枚
青じそ…10枚
春巻きの皮…10枚
サラダ油…大さじ3〜4

■ 作り方

1 スライスチーズは1枚を半分にする。キャベツは1cm幅に切る。

2 春巻きの皮に、青じそ1枚、ししゃも1尾、キャベツ10g、チーズ½枚の順でのせ、両サイドを折り込み、端から巻いて、巻き終わりに水をつけてとめる。

3 ホットプレートにサラダ油を引き、2 を並べてふたをする。140度で5分加熱する。

4 ふたをとり、温度を180度に上げ、両面色よく焼く。

チーズ×ししゃもが
おいしくマッチ

衣をつけて食べる新しい串揚げ

# 揚げない
# 串フライ

■ 材料（4人分）

はんぺん（大）…1〜2枚
鶏ささ身…4本
ベビーほたて（ボイル）…16個
塩、こしょう…各少々
パン粉…60g
とんカツソース、マヨネーズ…各適量
サラダ油…大さじ4

■ 作り方

1 はんぺんは1枚を8等分、ささ身は筋を
  とって2等分にして塩、こしょうをし、
  ほたては2個ずつをそれぞれ串に刺す。
  パン粉とサラダ油大さじ3をボウルに
  入れてスプーンでよくまぜ合わせる。

2 ホットプレートの半面にサラダ油大さ
  じ1を引き、パン粉以外の 1 を並べる。
  ココットに入れたとんカツソース、マ
  ヨネーズものせる。

3 パン粉をホットプレートのもう半面に
  広げる。

4 温度を180度に上げて、串に刺したも
  のは両面を焼き、パン粉はきつね色に
  なるまでいためる。

5 焼けたらソースかマヨネーズをつけ、そ
  こにパン粉を重ねてつける。

串つきだから
手軽に食べられる

クッキングシートを
使えば
焦げない

調味料は1つの超簡単メニュー

# 塩さばのスパイス焼き

■ 材料（4人分）
塩さば（半身）…4切れ
カレー粉…小さじ2

■ 作り方

1 塩さばは骨ごと3cm幅に切り、カレー
粉を全体にまぶす。

2 ホットプレートにクッキングシートを
敷き、1を並べてふたをする。140度
で3分加熱する。

3 ふたをとり、返してこんがりするまで
焼く。

骨なしめかじきで
食べやすさも◎

しっかり味で白ごはんによく合う

# めかじきとまいたけの
# しょうが焼き

■ 材料（4人分）

めかじき…4切れ
まいたけ…2パック
ししとうがらし…12本
塩、こしょう…各少々
かたくり粉…大さじ1強
Ａ｜しょうゆ、みりん…各大さじ2
　｜おろししょうが…1かけ分
サラダ油…大さじ2

■ 作り方

1 めかじきに塩、こしょうを振りかたくり粉を
　まぶす。まいたけは食べやすい大きさにほぐす。

2 ホットプレートにサラダ油を引き、めかじき
　とまいたけ、ししとうを広げ、ふたをする。
　140度で5分加熱する。

3 ふたをとり、温度を180度に上げる。めかじ
　きを返して焼き、まぜ合わせた Ａ を加え、全
　体を焼きからめる。

ビールに合うから
おつまみにも活躍

たらに衣をつけてカリッと仕上げる

# たらとじゃがいもの黒こしょう焼き

■ 材料（4人分）

たら…4切れ
じゃがいも…2個
ねぎ…1本
にんにく…1かけ
小麦粉…大さじ1〜2
塩…適量
黒こしょう…少々
オリーブオイル
　（サラダ油でも可）
　　…大さじ2½

■ 作り方

1 たらは一口大のそぎ切りにして塩少々を振り、小麦粉を薄くまぶす。じゃがいもは半分に切ってから3mm厚さに切り、ねぎは斜め薄切り、にんにくはみじん切りにする。

2 ホットプレートにオリーブオイルを引き、たら、じゃがいも、ねぎ、にんにくを広げてふたをする。140度で7分加熱する。

3 ふたをとり、温度を180度に上げてたらを返し、じゃがいも、ねぎも色よく焼き、塩小さじ½と黒こしょうで調味する。

ジュワ〜ッとバターは
食欲をそそる

コク深いバターにさっぱりレモンをしぼって

# たらとほうれんそうの
# レモンバターじょうゆ

■ 材料（4人分）

たら…4切れ
ほうれんそう…2袋
塩…小さじ½
こしょう…少々
小麦粉…適量
バター…大さじ1½
しょうゆ…大さじ1
レモン…小1個
サラダ油…大さじ2

 作り方

1 たらに塩とこしょうを振り、薄く小麦
  粉をまぶす。ほうれんそうは5cm長さ
  に切る。レモンの⅔は輪切りにする。

2 ホットプレートにサラダ油を引き、た
  らとほうれんそうを広げ、ふたをする。
  140度で7分加熱する。

3 ふたをとり、温度を180度に上げ、た
  らを返して焼き、全体に火が通ったら
  バター、しょうゆを加えてからめ、残
  りのレモンをしぼり、輪切りのレモン
  をほうれんそうにのせる。

みじん切りの薬味が
味の決め手に

魚介のだしがたっぷりのピリ辛味

# いかとえびのチリソース

■ 材料 （4人分）

するめいか…2はい
むきえび…200g
ねぎ…1本
にんにく、しょうが
　…各1かけ
酒…大さじ1
A｜トマトケチャップ
　　…大さじ4
　｜しょうゆ、みりん
　　…各大さじ1
　｜豆板醤…小さじ1
　｜かたくり粉…小さじ2
　｜水…50mℓ
サラダ油…大さじ2

■ 作り方

1　いかはわたを除き、胴は軟骨を除いて1cm幅の
　輪切りに、足はくちばしをとって食べやすい
　大きさに切る。えびは背わたをとる。いかと
　えびは水けをとる。ねぎ、にんにく、しょう
　がはみじん切りにする。

2　ホットプレートにサラダ油を引いて、いか、
　えび、ねぎ、にんにく、しょうがを広げ、酒
　を振ってふたをする。140度で5分加熱する。

3　ふたをとり、温度を180度に上げ、まぜ合わ
　せた A を加えてまぜながらとろみをつける。

PART 3

# ホットプレートで おいしい おやつ

万能なホットプレートは、
主食やおかずだけではなく、
ついつい手が伸びるおやつを作る
ツールとしても最適！
焼いたり蒸したり、
できたてホヤホヤのスイーツを
みんなで楽しむことができるんです。

4種類のソースでおいしさも4倍

# デザート
# フォンデュ

■ 材料 （4人分）
〈チョコソース〉
  チョコレート…50g
  牛乳…大さじ2
〈抹茶ソース〉
  抹茶パウダー…小さじ½
  ホワイトチョコ…50g
  牛乳…大さじ2
〈いちごミルクソース〉
  いちごジャム…大さじ2
  練乳…40g
〈チーズソース〉
  クリームチーズ…50g
  牛乳…大さじ2
  砂糖…大さじ2
〈具材〉
  バナナ、バゲット、マシュマロ、
    パイナップル…各適量

■ 作り方
1 ソースの材料をそれぞれ耐熱のココットやアルミ皿に入れる。バナナ、バゲット、パイナップルは一口大に切る。

2 ホットプレートにソースをのせて、あいたスペースにバゲットを並べ、180度にあたためる。ソースはとけたらよくまぜる。具材にソースをつけながら食べる。

具材は
お好みでOK!
アレンジ自在

生クリームや
フルーツを
飾っても

クルクル巻くのも楽しみのひとつ

# ハニーナッツの
# ロールクレープ

■ 材料 （2本分）
ホットケーキミックス…140g
スライスアーモンド…40g
はちみつ…大さじ4
卵…2個
牛乳…280ml
サラダ油…少々

■ 作り方

1 ホットプレートを180度にあたためる。スライスアーモンドを入れ、色よくいってとり出し、電源を切る。

2 ボウルに卵を割りほぐし、牛乳を加えてよくまぜ合わせ、ホットケーキミックスを加えて、粉っぽさがなくなるまでまぜる。

3 ホットプレートを140度にあたためる。キッチンペーパーを使ってサラダ油を薄く引き、2 の生地の半量をホットプレートに流し入れ、ターナーなどで全体に広げてふたをし、2分焼く。

4 ふたをとり、はちみつ、スライスアーモンドを生地全体にのせ、端から巻いていく。同様にもう1本作る。好みで上からさらにはちみつをかけても。

菜箸とターナー（フライ返しでも可）を両方使うと上手に巻くことができます。

ホットプレートで蒸せてカンタン
# ココア蒸しパン

■ 材料（20×15cmのバット2個分）
ホットケーキミックス…200g
純ココア…10g
牛乳…200㎖
砂糖、サラダ油…各大さじ2
熱湯…2〜3カップ

■ 作り方

**1** バットの大きさに合わせてクッキング
シートで型を2個作る（角をホチキス
でとめるとくずれにくい）。バットに型
を敷く。

**2** 熱湯以外の材料すべてをボウルに入れ
て、粉っぽさがなくなるまでまぜる。

**3** 1に生地を半量ずつ流し入れる。

**4** ホットプレートにのせ、あいたスペー
スに熱湯を注いでふたをする。140度
で10分加熱する。

朝食にぴったりな
やさしい甘さ

ヨーグルトやアイスを
トッピングして

クタクタになったりんごが激ウマ

# りんごバターソテー

■ 材料（4人分）

りんご…2個
食パン（6枚切り）…3枚
バター…25g
砂糖…大さじ2½

■ 作り方

1 りんごは四つ割りにして皮をむき、芯をとり、1cm厚さのくし形切りにする。食パンは4等分に切る。

2 ホットプレートを140度にあたためる。バターを入れて、とけてきたら半面にりんご、もう半面にパンをのせてふたをし、5分加熱する。

3 ふたをとり、りんごに砂糖を振りかけ、砂糖がとけるまでいためる。食パンは返して焼き色がつくまで焼く。好みでシナモンパウダーを振る。

黒ごまの香ばしさが
おいしさのカギ

スナック感覚でワイワイつまんで

# さつまいものカリッと焼き

■ 材料 （4人分）
さつまいも…2本
小麦粉…大さじ4
砂糖、黒ごま…各大さじ1
水…大さじ3
サラダ油…大さじ1½

■ 作り方

1 さつまいもはせん切りにする。

2 ボウルに小麦粉、砂糖を入れてまぜ、
黒ごま、水を加えてさらにまぜ、さつ
まいもを加えてさっくりとまぜる。

3 ホットプレートを180度にあたためる。
サラダ油を引き、箸でつまめるくらい
の量ずつのせ、両面がカリッとなるま
で返しながら焼く。

## じっくりつけ込んでうまさ倍増！
# フレンチトースト

やわらかい口当たりで
至福のときを

■ 材料（4人分）
バゲット…1本
卵…2個
牛乳…300㎖
砂糖、バター…各大さじ2

■ 作り方

1 バゲットは4㎝厚さに切る。

2 大きめのバットに卵を割りほぐし、牛乳、砂糖を加えてよくまぜ、バゲットをひたして1時間以上おく。一晩冷蔵庫に入れるとよりやわらかくなる。

3 ホットプレートを180度にあたためる。バターをとかし、バゲットを並べて焼く。

4 色よく焼けたら返し、同じように焼く。好みでメープルシロップと粉糖を振りかける。

ポキッと折れるほど
こんがり

かぼちゃ×メープルシロップの最強タッグ

# かぼちゃの春巻き

■ 材料（10本分）
かぼちゃ…200g
春巻きの皮…5枚
メープルシロップ…大さじ2
サラダ油…大さじ2

■ 作り方

1 かぼちゃは3cm角に切って耐熱容器に入れ、ふんわりラップをかけて600Wの電子レンジで4分加熱し、熱いうちにつぶしてメープルシロップを加え、まぜ合わせる。

2 春巻きの皮は斜め半分に切り、三角形にする。三角形のいちばん長い辺を手前にしておき、1の1/10量を手前側に横に広げる。両端を折り込み、手前から巻く。巻き終わりに水をつけてとめる。

3 ホットプレートを180度にあたためる。サラダ油を引いて2を並べ、返しながら全体に焼き色がつくまで焼く。

いろいろなものと
組み合わせて味を
楽しんで♪

抹茶の渋みと生地の
甘さがマッチ

# 抹茶の
# 和クレープ

■ 材料 （8枚分）

A｜白玉粉…30g
　｜抹茶、砂糖…各小さじ2
水…100㎖
薄力粉…50g

■ 作り方

1 ボウルにAを入れ、水を加えてよくま
　ぜる。薄力粉を加えてまぜ合わせ、ざ
　るなどでこしてなめらかな生地にする。

2 ホットプレートを140度にあたためる。
　1を⅛量ずつ直径10㎝くらいの円形に
　のばし、両面を焼く。

3 取り皿にとり、あら熱がとれたらあん
　こや生クリームなどをはさんで。

135

あたたかいたれを
つけて食べて

# みたらし
# きな粉もち

■ 材料 （4人分）

切りもち…4個
きな粉…適量
A｜ しょうゆ…大さじ1
　｜ 砂糖…大さじ3
　｜ かたくり粉…大さじ½
　｜ 水…150㎖

■ 作り方

1　クッキングシートの角をつまみ、ホチ
　　キスでとめ、器状にする。

2　ホットプレートを140度にあたためる。
　　間隔をあけながらもちを並べ、ふたを
　　して3〜5分焼く。

3　ふたをとり、もちを返して端に寄せる。
　　1をのせてまぜ合わせたAを入れ、ま
　　ぜながらとろみをつける。

4　焼けたもちをたれにつけてからきな粉
　　をかける。

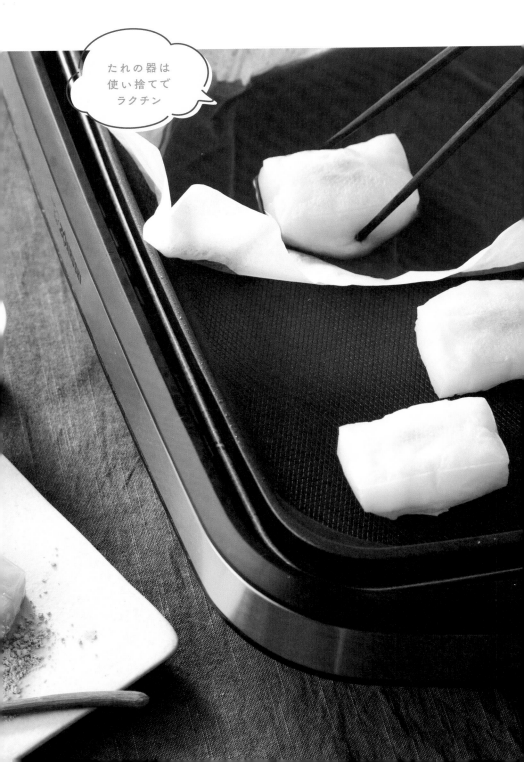

なめらかな食感も
おいしさの
ポイント

とっても濃厚なお店の味を
おうちで再現

# 蒸しプリン

■ 材料
（20×15cmのバット2個分）

〈プリン〉
| 卵…4個
| 牛乳…280ml
| 生クリーム…200ml
| 砂糖…100g

〈シロップ〉
| 砂糖、熱湯…各大さじ2
熱湯…適量

※小さめのホットプレートでふたが閉まらな
　い場合は、ふたのかわりにアルミホイルを
　かぶせてください。
※保温で火が通りにくい場合は、140度まで
　の低温で加熱してください。

■ 作り方

1　シロップの材料をよくまぜ合わせる。

2　ボウルに卵を割りほぐし、砂糖を加え、泡立
　たないように気をつけてよくまぜ合わせる。
　牛乳と生クリームを加えてさらによくまぜる。

3　2個のバットに 2 を半量ずつざるなどでこし
　ながら入れ、それぞれアルミホイルをかぶせる。

4　ホットプレートに 3 をおき、バットが半分つ
　かるくらいまで熱湯を注ぎ、ふたをする。保
　温で20分加熱する。

5　ふたをとってバットをとり出し、アルミホイ
　ルをはずす。あら熱をとって冷蔵庫で冷やす
　（あたたかいままでもOK）。シロップをかける。

多めに作って
翌日食べても
おいしい

カリッカリで香ばしい

# カラメルシナモントースト

■ 材料（4人分）

食パン（6枚切り）…6枚
砂糖…大さじ3
シナモンパウダー…少々
サラダ油…大さじ4

■ 作り方

1 食パンは9等分する。

2 ホットプレートを180度にあたためる。
サラダ油を引いて 1 のパンを並べて両
面に焼き色がつくまで返しながら焼く。

3 砂糖を振り入れ、プレートの上の砂糖
がとけてきたらパンを返し、砂糖をか
らめるように何度か返しながら焼く。
シナモンパウダーを振る。

もっちり生地は
あたたかいうちに
食べて♪

焼き大福のような新鮮〝和〟スイーツ

# くるみ焼きだんご

■ 材料 （16個分）

A｜白玉粉…200g
　｜砂糖…小さじ2
　｜水…160㎖
あんこ…160g
くるみ…80g
サラダ油…少々

■ 作り方

1 ボウルにAを入れ、耳たぶくらいのかたさになるまでこね、16等分する。

2 くるみは刻み、あんこにまぜる。16等分して丸める。

3 ホットプレートに薄くサラダ油を引く。1を手のひらでのばしてまん中に2をおいて包み、ホットプレートに並べてふたをする。180度で3分加熱する。

4 ふたをとり、こんがり焼き色がついたら返す。フライ返しでぎゅっと押しつけて焼き色をつける。

生クリームを
添えれば
味も見た目も◎

### 食感のいいナッツがアクセント
# ナッツブラウニー

■材料
（20×15cmのバット2個分）
チョコレート…200g
バター、薄力粉
　　…各100g
ミックスナッツ（食塩不使用）
　　…120g
卵（室温にもどす）
　　…2個
ベーキングパウダー
　　…小さじ1
熱湯…2〜3カップ

■作り方
1　バットの大きさに合わせてクッキングシートで型2個を作る（角をホチキスでとめるとくずれにくい）。バットに型を敷く。

2　ボウルに小さく割ったチョコレートとバターを入れて湯煎にかけ、よくまぜてあら熱をとる。

3　別のボウルに卵をときほぐし、2に加えてよくまぜ、薄力粉とベーキングパウダーをふるい入れ、あらく刻んだナッツを加えてまぜる。

4　バットに3を半量ずつ流し入れる。ホットプレートにのせてあいたスペースに熱湯を注ぎ、ふたをする。140度で7分加熱し、保温にして8分おく。

カリッフワッ！の食感がクセになる
# ソフトバタークッキー

■ 材料（4人分）
薄力粉…120g
バター…60g
砂糖…40g
卵黄…1個分

■ 作り方

1 バターはボウルに入れ、室温でやわらかくする。砂糖を加えてねりまぜ、卵黄を加えてさらにまぜる。

2 薄力粉をふるい入れてまぜ、手で全体をまとめる。

3 ラップの上に 2 をのせ、7mmの厚さにのばしてから包み、冷蔵庫に30分おく。

4 クッキングシートに生地をのせて食べやすい大きさに切り、クッキングシートごとホットプレートにのせてふたをする。140度で10分加熱する。

5 ふたをとり、返して両面を色よく焼く。

素朴な味で
何枚でも食べられる

ごはんにも
おやつにも
イケる

バターのコクが全体にしみわたる

# いももち

■ 材料 （4人分）

じゃがいも…5個（600g）
A｜かたくり粉…大さじ5
　｜塩…小さじ1
　｜水…大さじ5
バター… 大さじ2

■ 作り方

1 じゃがいもは皮をむいて3cm角に切り、耐熱容器に入れてふんわりラップをする。600Wの電子レンジで4分加熱し、熱いうちにつぶす。

2 A を加えてまぜ、直径5cmの平たい丸形にする。

3 ホットプレートを180度にあたためる。バターをとかし、2 を並べて両面に焼き色がつくまで返しながら焼く。好みでしょうゆをかける。

## PART 4

たこ焼きプレートで
おいしい

---

# ごはん＆
# おやつ

ホットプレートに付属でついている
ことが多いたこ焼きプレート。
実は、たこ焼き以外にもいろんな
料理を作ることができるすぐれもの。
丸い形状を生かした、
とっておきの10レシピをご紹介します。

カレー×チーズは
鉄板の組み合わせ

# ミニカレーパン

■ 材料 （30個分）

食パン（8枚切り）…8枚
豚ひき肉…300g
玉ねぎ…¼個
A｜カレー粉…大さじ1
　｜トマトケチャップ…大さじ3
　｜とろけるチーズ…90g
サラダ油…少々

■ 作り方

1 食パンは1㎝角に切る。玉ねぎはみじ
　ん切りにする。

2 ひき肉と玉ねぎ、A を大きめのボウル
　に入れてよくまぜ合わせ、食パンを加
　えてさらにまぜる。

3 たこ焼きプレートにサラダ油を引き、
　ボール状にした 2 を詰めてふたをする。
　140度で5分加熱する。

4 ふたをとり、返し、さらに3分加熱する。

スプーンの背で押しながら、
食パンと肉だねをまぜ合わ
せると、味が均一になる。

全体が
カリッとするまで
焼き上げて

シーフードのうまみを余すことなく♪

# 中華風アヒージョ

■ 材料（4〜5人分）

むきえび、
　ベビーほたて（ボイル）
　…各15〜20個
しょうが…1かけ
塩…少々
ごま油…150㎖

■ 作り方

1 えびは背わたをとり、ほたてとともに塩を振って10分おき、水けをとる。しょうがはみじん切りにする。

2 たこ焼きプレートにごま油を小さじ1ずつ入れ、えび、ほたてを各穴に1〜2個入れ、しょうが少々を加える。ホットプレートを140度にあたため、3分加熱し、保温にする。好みで黒こしょうを振る。

しょうがで
体がポカポカに！

149

おやつに
ぴったりな
一口カステラ

はちみつのやさしい甘さがあとを引く

# ふわもちベビーカステラ

■ 材料 （30個分）

ホットケーキミックス…200g
かたくり粉…大さじ2
A 卵…1個
　 牛乳…180㎖
　 はちみつ…大さじ2
　 サラダ油…大さじ1
サラダ油…適量

■ 作り方

1 ボウルに A を入れてよくまぜ合わせ、
　ホットケーキミックスとかたくり粉を
　加えて、粉っぽさがなくなるまでまぜ
　合わせる。

2 たこ焼きプレートを140度にあたため
　る。サラダ油を引き、1 を各穴の八分
　目まで入れる。

3 ふたをして3分焼き、ふたをとり、返
　して焼き色がつくまで焼く。

# ごまだんご

■ 材料（30個分）

白玉粉…200g
水…160mℓ
あんこ…150g
いり白ごま、いり黒ごま、
　サラダ油…各適量

■ 作り方

**1** ボウルに白玉粉と水を入れ、手で丸められるかたさになるまでこね、30等分する。あんこも30等分する。

**2** 生地であんこを包んで丸める。15個に白ごまをまぶし、残りに黒ごまをまぶす。

**3** たこ焼きプレートを180度にあたためる。サラダ油を引き、黒ごまだんご、白ごまだんごを交互に入れ、転がしながら3〜5分焼く。

白ごま、黒ごま
交互に並べて
見た目よく！

ロシアン
ルーレットに
するのも楽しい

パイに包まれた魅惑のスイーツ

# チョコ＆パンプキンパイ

■ 材料（30個分）

冷凍パイシート（20×20cm）
　…2枚
チョコレート…50g
かぼちゃ…180g
砂糖…大さじ1

■ 作り方

1 冷凍パイシートは5cm角に切ったものを30枚
作る。チョコレートは2cm角くらいに切る。か
ぼちゃはよく洗い、3cm角に切り、耐熱容器に
入れてふんわりラップをし、600Wの電子レン
ジで4分加熱し、熱いうちに砂糖を加えてつぶ
し、冷ます。

2 15枚のパイシートでチョコレートを包み、残
りでかぼちゃを包む。たこ焼きプレートに入
れてふたをし、200度で2分加熱する。

3 ふたをとり、転がしながら全体を色よく焼く。

コリコリの砂肝をトーストのお供に

# 砂肝のアヒージョ＆
# ガーリックトースト

■ 材料 （4人分）

鶏砂肝…15個
バゲット…15切れ
にんにく…2かけ
塩、こしょう、
　　みじん切りパセリ…各少々
オリーブオイル…150mℓ

■ 作り方

1 砂肝は筋を除き、食べやすい大きさに切り、塩、
　こしょうを振って10分おく。にんにくはみじん
　切りにする。

2 たこ焼きプレートにオリーブオイル小さじ1ずつ、
　にんにくを入れ、砂肝かバゲットを入れる。

3 たこ焼きプレートを180度にあたためる。3分加
　熱し、砂肝に火が通ったらパセリを散らし、保
　温にする。

独特の「甘じょっぱさ」でやめられない

# カリカリアメリカンボール

■ 材料 （30個分）

ホットケーキミックス…200g
ソーセージ…10本
コーンフレーク…30g
卵…1個
牛乳…150mℓ
サラダ油…少々

■ 作り方

1 ソーセージは長さを3等分に切る。コーンフレークはあらくつぶす。

2 ボウルに卵、牛乳を入れてよくまぜ、ホットケーキミックスを加えて粉っぽさがなくなるまでまぜる。

3 たこ焼きプレートにサラダ油を引く。コーンフレークを入れ、2 を加え、ソーセージをのせてふたをする。140度で4分加熱する。

4 ふたをとり、返して3分焼く。好みでトマトケチャップをかけて。

先にコーンフレークを入れることで、食べたときにカリッとした食感に仕上がる。

洋風の
たこ焼き
みたい

カマンベールをぜいたく使い♪

# チーズフォンデュ

■ 材料（4人分）

カマンベール…3個
好みの野菜、
　　バゲット…各適量

■ 作り方

1 好みの野菜は一口大に切り、ゆでる。
バゲットは食べやすい大きさに切り、
カマンベールは1個を10等分に切る。

2 カマンベールをたこ焼きプレートに入
れ、180度にあたためる。とけてきたら、
好みの具材をフォークでさし、チーズ
をからめて食べる。

カリカリになった
チーズもおいしい

丸型に入れるだけで
シューマイの形に！

ナンプラーとパクチーでエスニック風に

# えびシューマイ

■ 材料 （30個分）

むきえび…220g
豚ひき肉…150g
玉ねぎ…¼個
パクチー…5本
シューマイの皮…30枚
A｜かたくり粉…小さじ2
　｜酒、ごま油…各小さじ1
　｜ナンプラー…小さじ½
　｜おろししょうが…1かけ分
水…大さじ2
サラダ油…少々

■ 作り方

1 えびは背わたをとり、洗って水けをと
る。玉ねぎはざく切りにする。えび、
ひき肉、玉ねぎ、パクチー、A をフー
ドプロセッサーにかける。

2 たこ焼きプレートにサラダ油を引き、
シューマイの皮を入れ、1 を30等分し
てのせる。

3 たこ焼きプレートを180度にあたため
る。水を全体に振りかけてふたをし、
10分加熱する。

もちもち食感の
甘じょっぱコンビ

# じゃがいもポンデケージョ

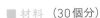■ 材料 （30個分）

じゃがいも…300g

A　ホットケーキミックス
　　　…120g
　　かたくり粉…80g
　　粉チーズ…60g
　　塩…小さじ½
　　水…160㎖

サラダ油…少々

■ 作り方

1　じゃがいもは皮をむいて3㎝角に切り、
　耐熱容器に入れてふんわりラップをし、
　600Wの電子レンジで4分加熱し、熱
　いうちにつぶす。

2　ボウルに A を入れてまぜ、1 を加えて
　さらにまぜ、30等分にする。

3　たこ焼きプレートにサラダ油を引き、
　2 を入れてふたをする。140度で5分
　加熱する。

4　ふたをとり、返して3分焼く。

## STAFF

ブックデザイン／
細山田光宣＋南 彩乃（細山田デザイン事務所）
スタイリング／タカハシユカ
取材・文／本間 綾
撮影／松木 潤（主婦の友社）
編集担当／黒部幹子（主婦の友社）

撮影協力／UTUWA

料理
**黄川田としえ（きかわだとしえ）**

料理家・フードスタイリスト・食育インストラクター。子どもと一緒に作る料理教室や、子どもの心と体の成長をサポートするワークショップ、企業とコラボしたレッスンを不定期で開催する「tottorante」主宰。元プロサッカー選手の夫と大学生の息子、中学生の娘の母で、アスリートフードや発酵食に関する資格も取得。著書は『毎日のごはんと心地よい暮らし』（宝島社）。テレビや雑誌、広告などで活躍。
インスタグラム @tottokikawada
HP toshiekikawada.com

**ホットプレートひとつで**
# ごちそうごはんが
# できちゃった100

令和2年10月10日　第1刷発行
令和2年12月20日　第3刷発行

編　者　　主婦の友社
発行者　　平野健一
発行所　　株式会社主婦の友社
　　　　　〒141-0021
　　　　　東京都品川区上大崎3-1-1 目黒セントラルスクエア
　　　　　電話 03-5280-7537（編集）　03-5280-7551（販売）
印刷所　　大日本印刷株式会社